마음에 닿다

마
음
에
닿
다

—

오 준 섭 지음

필리핀
피누가이에서

빈 누림과 이룸

하나님이 부르신 그곳, 그곳에는 사람이 있습니다.

사람을 위한 선교, 사람을 알아가는 것이 선교입니다. 그곳에 사는 사람, 그곳에 사는 사람들의 문화, 그곳에 사는 사람들의 습관은 선교사를 채우고 세우며 행복하게 합니다.

필리핀은 저에게 그런 곳입니다. 하나님이 예비하신 사람을 만나고 알아가는 곳, 함께 울고 웃으며 행복을 찾아가는 곳, 상황에 공감하며 작은 사랑을 실천하는 곳입니다.

선교의 이야기는 사람의 흔적이 새겨 있는, 한 번쯤 꼭 나눠야 하는 진실한 고백입니다.

선교는 일상입니다.

잔잔한 일상 속에 선교가 담겨 있습니다. 특별함이 묻어나지 않아도, 대단함이 나타나지 않아도 괜찮습니다. 타인을 향한 진실함이 있다면, 하나님을 향한 신실함이 있다면 그것으로 충분합니다. 선교는 그렇게 당신의 잔잔한 일상을 채웁니다.

일상이 선교가 되고, 선교는 일상이 되어 당신의 삶이 예수님으로 충분하면 좋겠습니다. 그리하여 조금 더 예수님께 가까워진다면 좋겠습니다.

당신이 있는 곳에 애잔한 마음이 닿습니다.

당신의 마음이 예수님의 마음에 닿아 그분께 머무르게 되기를, 그분께 더 가까이 닿게 되기를….

당신의 마음에 닿습니다, 예수님의 마음에 닿습니다.

이 책은 연약한 한 선교사의
마음의 갈등, 고뇌, 일상의 변화의 기록들이자,
두려움으로 한 발 한 발 내디디며
순종의 길로 걸어간 흔적들입니다.

선교지에서 선교사는 무엇을 할까요? 저는 사람을 만나고 사람 속에서 하나님의 형상을 발견한다고 생각합니다. 사람을 만나면 그 사람에게서 느껴지는 감정이 있습니다. 책도 마찬가지입니다. 좋은 책은 단순하게 정보만 전달해주는 것이 아니라 저자의 마음을 고스란히 전해 줍니다. 〈마음에 닿다〉가 저에게는 그런 책입니다. 선교지에서 만난 사람들의 감정이, 그리고 그들과 부딪히며 느꼈던 오준섭 선교사의 살아있는 뜨거운 가슴이 느껴집니다. 눈물, 행복 그리고 만남의 기적, 예수 그리스도의 마음을 담은 이 책이 내 가슴에 말을 합니다. 그래서 책을 읽으며 내내 따뜻함을 느꼈습니다.

책을 내는 이들은 자신의 책에 책임을 져야 한다고 생각합니다. 왜냐하면 책을 내는 순간 내 이야기는 나만의 이야기가 아니기 때문입니다. 그래서 내가 한 이야기에 대한 무게감을 느껴야 할 것입니다.

좋은 글은 독자에게 참 유익합니다. 그러나 진정한 글은 문자가 아닌 삶으로 완성된다고 생각합니다. 삶으로 완성되는 글이야말로 최고의 생명력을 지니기 때문입니다.

그런 면에서 오준섭 선교사와 그 가정의 이야기가 주 안에서 힘 있고 멋진 삶으로 완결되기를 기대합니다. 이 책의 독자로서 그 길을 응원하며 지켜보는 즐거움이 있을 것이라고 생각합니다. 그 길의 시작과 과정 그리고 미래를 진심으로 축복합니다.

이승무 목사 _ 한양제일교회 담임

목회를 꿈꾸는 사람에게 꼭 하는 말이 있습니다. "목회자가 되기 전에, 선교사가 되기 전에, 먼저 사람이 되어라." 그런 점에서 오준섭 선교사님은 사람다운 사람입니다. 청년일 때나 전도사일 때나 선교사일 때나 한결같이 하나님을 사랑하고 영혼을 따뜻하게 하는 사람이기 때문입니다. 오준섭 선교사님의 '사람 됨'을 느낄 수 있는 책이 나왔습니다. 이 책을 보면서 제 마음도 따뜻해졌습니다. 이 따뜻한 마음이 더 많은 사람에게 전해지기를 원합니다.

김학중 목사 _ 꿈의교회 담임

오예건, 예배를 세우는 사람이라는 뜻으로 저자가 아들에게 지어준 이름입니다. 아마도 이 이름에는 아들이 예배를 세우는 사람으로 자라길 바라는 소원이 담겨 있겠지요. 단순히 이름 자체가 그의 운명은 아닙니다. 개똥이라 이름 지어줬다고 개똥이의 인생을 살아가는 것은 아닙니다. 그 이름을 따라 살아가기 위해서는 이름을 지어준 사람의 의도가 적극적으로 반영되어야 합니다. 이 이름은 아들의 소원이 아니라 아버지의 소원이기 때문입니다. 예배를 세우는 사람, 아들에게 이렇게 이름지어준 것처럼 이 책은 우리 일상 속에서 함께 예배를 세워 나가가기를 바라는 저자의 의도가 담겨 있습니다. 이 책이 오늘 어떻게 살아야 하는지에 대해 고민하는 누군가에게 시원한 답이 되기를 바랍니다.

이요셉 작가 _ 다큐 사진작가, 〈결혼을 배우다〉 저자

〈마음에 닿다〉를 단숨에 읽었습니다. 한 편, 한 편 모든 글들이 제 마음에 와 닿았기 때문입니다. 선교사님과 필리핀에 함께 있으면서 서로의 아픔을 더 깊게 나누지 못했던 것에 미안한 마음이 들었습니다. 선교사를 처음 시작할 때부터 지금까지 겪고 있는 삶에 대해 충분히 공감이 되었고 아는 것에 머무르지 않고 살아내야 할 것들에 대해 깨닫는 시간이었습니다. 글 하나 하나에 담긴 선교사님의 마음이 저의 마음에 깊이 와 닿습니다. 그로 인해 선교사님이 더욱 가깝게 느껴집니다. 또한 하나님 아버지의 마음도 더욱 가깝게 느껴집니다. 이 책에 담긴 진솔한 마음들이 독자들의 마음에 닿아서 선교사의 길을 더 잘 이해하고 공감할 것이라고 확신합니다. 하나님 아버지의 마음이 필요한 많은 독자들에게 이 책을 적극적으로 추천합니다.

박연룡 선교사 _ 필리핀 열방선교교회 담임

〈마음에 닿다〉 한 장 한 장 책장을 넘기며 하나님의 마음에 더욱 깊이 닿을 수 있었습니다. 저는 이 책을 통해 필리핀의 잃어버린 영혼들을 향한 하나님의 마음을 헤아리고, 신앙의 여정 속에서 어떤 삶이 진정한 삶인지 깨닫게 되었습니다. 또한 무엇보다 믿음의 도전을 강하게 받았습니다. 우리 모두는 이 도전에 예외가 없을 것이라고 생각합니다. 여러분도 이 책을 통해 한 영혼을 향한 하나님의 마음을 알고 바른 신앙인으로 자라나 생명을 향한 뜨거운 사랑에 도전할 수 있기를 바랍니다.

장세희 대표 _ 아시아뉴스통신 편집 대표

눈이 내려 쌓인 곳을 함부로 걸어서는 안 된다는 말이 있습니다. 눈 위에 난 발자국이 누군가의 길이 될 수 있기 때문입니다. 잘 걸은 한 사람의 발자국은 뒤따라 걷는 사람들에게 큰 유익이 됩니다. 오준섭 선교사님이 삶의 경험들과 수많은 고민들을 기록해 놓은 이 책은 읽는 이들에게 선한 길을 제시할 거라고 생각합니다. 누구나 인생은 한 번 살다 갑니다. 한 번뿐인 인생을 어떻게 하면 제대로 그리고 아름답게 살아낼 수 있을까요? 이 책은 우리의 인생이 어떤 방향으로 나아가야 할지 알게 하는 나침반이 되고, 멀리 볼 수 있도록 도와주는 망원경이 되고, 자신을 향한 하나님의 뜻이 무엇인지를 찾을 수 있는 현미경이 되는 책입니다. 보슬보슬 내리는 보슬비에, 출렁이며 다가오는 파도에 온 몸이 젖듯 잔잔하게 적힌 은혜의 글에 푹 잠기기를 원하는 분은 일독하기를 권합니다.

김영한 목사 _ Next 세대 Ministry 대표, 품는교회 담임

일상에서 배어 나오는 묵상과 간결하게 풀어내는 고백들이 살아가며 생기는 고민과 아픔에 위로가 되고 말씀으로 다시 힘을 얻게 되는 따뜻한 책입니다. 오준섭 선교사님의 삶의 향기가 고스란히 배어 있는 이 책을 독자들에게 추천하고 싶습니다. 이 책을 접하시는 분들 모두 공감하고 치유되어 더욱 믿음 안에서 든든히 세워져 나갈 것이라 확신합니다.

정예원 찬양사역자 _ 싱어송라이터

오준섭 선교사님을 처음 만났을 때는 도움이 필요한 교회 공동체의 지체들을 위한 모임을 기획할 때였습니다. 선교사님이 기획하고 모임을 진행하는 모습에서 영혼들을 향한 뜨거운 열정과 순전한 마음을 보았습니다. 그 뜨거운 열정과 순전한 마음으로 선교사로 파송되어 선교지에서 살아간 삶과 사역이 참 귀합니다. 선교지에서 보냈던 귀한 삶이 한 권의 저서로 출간되어 참으로 기쁩니다. 삶의 모습과 마음을 꾸밈없는 정직한 언어들로 표현해주어 영혼이 정화되는 느낌이었습니다. 저서에서 삶의 순간순간마다 말씀으로 인도하셨던 하나님의 은혜를 함께 경험할 수 있어서 감사했습니다. 쉽지 않았던 선교지에서의 삶이었지만 하나님 앞에 순전하게 살아낸 선교사님 부부를 진심으로 축복하고 응원합니다. 우리의 영혼을 정화시켜주고 하나님 앞에 순전하게 살아가고픈 이들에게 도움이 되는 책이라 생각해 기쁨으로 추천합니다. 오 선교사님의 가정과 사역을 하나님께서 최선으로 인도해 주시길 간절히 기도합니다.

김숙경 소장 _ 김숙경 사랑연구소, 〈그런 당신이 좋다〉 저자

필리핀 퀘존시의 어느 거리

차례

가까이

4 프롤로그
6 추천의 글

16 나는 선교사입니다
18 처음 마주하는 문
22 5분의 법칙
26 한 번의 손짓
30 정답과 오답은 없습니다
32 내가 할 수 있는 최고의 선교
34 낯선 길을 걸어가는 방법
36 행복한 미소
38 영적 재생산
40 아버지의 마음
42 최후 승리
46 상황이 때론 약이 됩니다(첫 유산)
48 아빠, 사땅 먹어
50 오늘도 나는 배웁니다
54 당신 이름의 뜻은 무엇입니까?
56 감사할 것밖에
60 죽지 않은 자아
62 진짜 기적
64 선교하시는 하나님
66 친구가 되는 방법

더
가까이

70 특별한 믿음의 처방

72 불안할 때

76 자물쇠로 잠그세요

78 길을 향해 걷는 사랑

80 불완전한 인간의 선택

82 존재 그 자체로

84 나그네 인생

88 오직 예수님만 남기를

90 '척' 속에 살아가는 우리는

94 그와 그분

96 예수님이니까

98 당신은 아름답습니다

100 골목길에서 만난 예수님

102 예수님으로 채우다

106 어떤 마음을 택하시겠습니까?

108 단순하게

110 함께 길을 걷는 것만으로도

112 입맛대로 행하는 작은 그릇

116 예수님의 사람

118 기나긴 밤

122 진리 중의 진리

126 진실, 성실, 신실

130 손에 꼭 쥐고 있는 것

133 당신의 물맷돌은 무엇입니까?

138 너는 나만 바라보면 돼

140 하나님과의 관계 비례

144 진짜 기적(두 번째 유산)

146 나를 더 사랑하지 않겠어?

148 한 사람이 너무나 소중합니다

152 하나님의 때

155 다듬어져 가는 원석

158 보고 듣고 느끼는 것

162 진정 중요한 삶

166 아브라함의 하나님,
    이삭의 하나님, 야곱의 하나님

170 상황의 주체자

174 에필로그

필리핀 카비테 홍수로 물에 잠긴 성당

가
까
이
●
●
●

나는 선교사입니다

지금 나는 다른 곳에 있습니다.
다른 나라에서 살아가고 있습니다.

나를 말해주는 대부분의 것들은
그리운 곳, 한국 땅에 두고 왔습니다.

지금 나를 말해주는 이름은 '선교사'입니다.
누가 강요하지 않았지만
희생하는 삶을 살아야 하는
나는 선교사입니다.

누군가에게 선교사는
존경과 선망의 대상입니다.

하지만 거대한 사명 앞에
초라한 나의 모습은 거룩함을 잃어버린
의심 많은 제자 도마입니다.

영적 패배자로 스스로 낙인 찍은
무능한 선교사라 느껴집니다.

누구에게도 나를 보여주기 싫습니다.
무능함이 드러날까
조심스러운 줄타기를 이어갑니다.

이타적 삶이라는 압박 속에
어느덧 나를 돌보는 법을 잊어버렸습니다.
가족을 돌보는 법도 잊어버렸습니다.

상처투성이가 되어 고통 속에 허우적대지만
거룩한 사명을 등질 수 없습니다.

거룩한 상처를 지닌 나는,
예수의 흔적이 묻어나는 나는,
자랑할 것이 복음밖에 없는 나는,
선교사입니다.

나는 이 복음을 전하는
선포자와 사도와 교사로 임명을 받았습니다.
그러므로 나는 이런 고난을 당하면서도
부끄러워하지 않습니다.

디모데후서 1:11, 12

처음 마주하는 문

누구일까요?
가장 먼저 문을 만든 사람은.

아마도 혼자 있는 것을
좋아하는 사람일 것입니다.
자신만의 공간은
평안함을 주기 때문입니다.

세상에는 다양한 문이 있습니다.
우리는 많은 문을 마주하고,
그 문을 열고 닫습니다.

하지만 마주하는 문마다
우리의 마음은 다릅니다.

처음 마주하는 문.
다음 공간이
궁금하지만 두렵기도 합니다.

문 뒤에는 무엇이 있을지
들어가 봐야 알 수 있습니다.

처음 마주한 선교의 문.
두려움이 나를 삼키려 합니다.
가족 앞에선 안 그런 척, 애써 웃음 짓습니다.

태연한 척, "여기가 내가 있을 곳이야."
다시 한 번 혼잣말을 합니다.

결국, 예수님이 필요합니다.
처음 마주하는 문에선 예수님이 필요합니다.

그분이 두려워하는 마음을
위로해 주십니다.

당신 앞에 놓여 있는 문은 어떤 문입니까?
당신도 예수님이 필요합니다.

보아라, 내가 문 밖에 서서, 문을 두드리고 있다.
누구든지 내 음성을 듣고 문을 열면, 나는 그에게로 들어가서
그와 함께 먹고, 그는 나와 함께 먹을 것이다.

요한계시록 3:20

캄보디아 시엠레아프교회 주일학교 아이들

5분의 법칙

필리핀의 날씨는
참으로 변덕스럽습니다.
오늘과 내일, 오전과 오후,
방금과 지금이 다릅니다.

인간의 마음도
참으로 변덕스럽습니다.
오늘과 내일, 오전과 오후,
방금과 지금이 다릅니다.

다른 듯 묘하게 닮은 우리는
요동치는 그 변덕스러움과 닮았습니다.

갑자기 내리치는
맑은 하늘의 굵은 빗줄기,
대처할 시간도 없이
홀딱 몸이 젖습니다.

갑자기 치밀어 오르는
분노의 감정들.
주변 사람들에게

상처를 남깁니다.

다른 듯 묘하게 닮은 우리의
요동치는 변덕에는
처방전이 필요합니다.

갑자기 내리치는 굵은 빗줄기.
처방전은 바로 5분을 기다리는 것.
굵은 빗줄기가 내리면 5분을 기다립니다.
빗줄기가 약해집니다.
맑은 하늘이 찾아옵니다.

갑자기 올라오는 분노.
처방전은 바로 5분을 기다리는 것.
'쑥' 올라오는 분노를 억누르고
5분을 기다립니다.
하나, 둘, 셋, 넷, 다섯.
분노가 가라앉습니다.
곧 이성이 찾아옵니다.

굵은 빗속에서, 감정의 소용돌이에서
우리는 자존심을 세울 필요가 없습니다.

몸이 홀딱 젖지 않을 5분의 법칙,
상처를 받지도 주지도 않을 5분의 법칙.

급하게 화내지 말아라.
분노는 어리석은 사람의 품에 머무는 것이다.

전도서 7:9

산토니뇨 원주민 맹인 아이와 어머니

한 번의 손짓

나라면, 내가 그라면
어땠을까.

아마도 미처 버리거나,
삶을 포기했을지도 모릅니다.

교회를 열심히 섬기는 그는,
특히 어린이 사역에 탁월한 그는
그런 일을 겪었으리라곤 상상이 되지 않습니다.

처음 비행기를 타고
아버지 손에 이끌려
여행 간 줄 알았던 삼촌의 집.

그곳에 버려진 그는
삼촌들에게 잦은 폭행과 감금,
심지어 성폭행까지 당했습니다.

당시 그는
이제 막 중학생이었습니다.

삼촌들의 손에서
3년 만에 극적으로 탈출한 그는
알코올중독자인 아버지를 찾아 나섭니다.

아버지 집을 찾아
지프니(대중 버스)에서 내린 곳.
그곳이 바로 우리 교회 앞이었습니다.

또래 아이들의 즐거운 수다 소리,
행복해 보이는 미소,
자신에게는 없는 희망….
부러워하는 간절한 눈빛을
어느 교인이 알아차렸습니다.

한 번의 손짓,
그 손짓에 그가
예수님께로 돌아왔습니다.

상처 많고, 아픔 많은 그는,
그렇게 예수님을
섬기는 청년이 되었습니다.

그에게는 꿈이 있습니다.
버려진 아이들을 위한
고아원을 운영하는 것.

그 꿈을 위해 그는 오늘도 실천합니다.
작은 사랑의 손짓을.

고아와 억눌린 사람을 변호하여 주시고,
다시는 이 땅에 억압하는 자가 없게 하십니다.

시편 10:18

산토니뇨 원주민마을

정답과 오답은 없습니다

한국에서 사는 것.
내일을 위해
오늘을 희생하는 것.

필리핀에서 사는 것.
내일은 생각하지 않고
오늘만 살아가는 것.

한국에서 사는 것은
내일 행복하기 위해
오늘을 견뎌야 하는
숨가쁜 삶입니다.

하지만 필리핀에서 사는 것은
내일의 행복을 생각하지 않고
오늘만 행복하면 그만인 삶입니다.

달라도 너무 다른 문화.
빠름과 느림 속에
중심을 어디에 두어야 할지
아직도 헷갈립니다.

정답은 없습니다.
오답도 없습니다.

내일을 위해
오늘을 힘겹게 살아가는 삶도
오늘에 만족하며
오늘에 집중하는 삶도.

우리는 믿음으로 살아가지,
보는 것으로 살아가지 아니합니다.

고린도후서 5:7

내가 할 수 있는 최고의 선교

너무나 다름을 느낍니다.
문화도, 생각도, 삶도, 자라온 환경도.
우리는 이렇게나 다릅니다.

선교사는 생각합니다.
"왜 저렇게 행동할까?
왜 변화되지 않을까?"

'왜'라는 질문은
우리를 더욱 다르게 만듭니다.

다름을 인정하는 것,
그것이 관계의 시작임을 잊었나 봅니다.

이들을 사랑하러 왔다는 것,
그 사실을 잠시 잊었나 봅니다.

선교사는 생각합니다.
"왜 사랑으로 품을 수 없을까?
왜 있는 모습 그대로 받아들일 수 없을까?"

'왜'라는 질문은
우리의 관계를 회복시킵니다.

생각합니다.
행동합니다.
그리고 사랑합니다.
내가 할 수 있는 최고의 선교입니다.

오늘도 나는 예수님의 발자취 따라
조심스레 한 걸음, 한 걸음 걸어갑니다.

내 발걸음이 주님의 발자취만을 따랐기에,
그 길에서 벗어난 일이 없었습니다.

시편 17:5

낯선 길을 걸어가는 방법

낯선 길을 걸어가는 방법은?
예수님 손을 잡아요.

사람들은 익숙한 것을 좋아합니다.
익숙한 언어, 익숙한 음식,
익숙한 옷, 그리고 익숙한 길….

알려진 길을 찾아,
알려진 방법대로 걸어갑니다.

낯선 길을 만나면 당황합니다.
어떤 방법으로 걸어야 할지 몰라서입니다.

익숙한 인생을 살다 보면
때로는 권태롭지요.
익숙한 길을 익숙하게 걷다 보면
지겹게 느껴집니다.

새로운 것에 궁금증이 생겨납니다.
'한 번 해보자!' 하는 작은 자신감도 생깁니다.

이내 낯선 길 앞에 서게 됩니다.
작은 자신감은 어느새
마음 저 깊은 곳으로 숨었습니다.

두렵습니다.
갑자기 엄습하는 무서움에 눈앞이 깜깜합니다.

기억하세요, 그때.
낯선 길에서는 예수님 손을 잡아요.

못 자국 난 손, 투박한 목수의 손,
하지만 가장 따뜻하고 듬직한 아버지의 손.

낯선 길은 행복한 동행이 시작됩니다.

나는 길이요, 진리요, 생명이다.
나를 거치지 않고서는,
아무도 아버지께로 갈 사람이 없다.

요한복음 14:6

행복한 미소

산을 넘어 다리를 건너
콧속이 상쾌해질 때쯤
정겨운 작은 시골마을이 보입니다.

꿈속에서 마주하던
어릴 적 그리운 풍경입니다.

마을 사람들의 웃음소리가 끊이지 않습니다.
스스럼없이 담소하다가
갑자기 박장대소합니다.

그 모습을 바라보는 저의 얼굴에는
이미 미소가 떠오릅니다.
행복한 미소입니다.

모습은 달라도 웃을 수 있습니다.
언어가 달라도 웃을 수 있습니다.
마음은 우리를 웃게 합니다.

마음이 같은 우리는 하나님의 피조물입니다.

하나님이 손수 만드신 모든 것을 보시니, 보시기에 참 좋았다.

창세기 1:31

영적 재생산

오늘도 한가득 감사를
가슴에 품고 돌아옵니다.

현관을 여는 순간 가장 잘 보이는 곳,
패가 눈에 들어옵니다.
'평생순장'

모르는 사이 혼잣말이 흘러나옵니다.
"평생순장의 삶을 살아야 하는데…."

저를 반기려 현관으로 나온
아내가 들었습니다.
그리곤 묻습니다.
"평생순장의 삶은 어떤 거야?"

한 치의 망설임도 없이,
훈련된 상황처럼 대답합니다.
"영적 재생산하는 삶이지."

배운 대로 삶을 살아내는 것.
앎으로 그치지 않는 것.

좁은 길 걸어가는 것.
결코 쉬운 일이 아닙니다.

오늘도 자신에게 묻습니다.
"나는 영적 재생산하는 삶을 살아내고 있는가."

아브라함의 자손이요 다윗의 자손인
예수 그리스도의 계보는 이러하다.
아브라함은 이삭을 낳고, 이삭은 야곱을 낳고,
야곱은 유다와 그의 형제들을 낳고

마태복음 1:1, 2

아버지의 마음

신기합니다.
어린 자녀가 성장해가는 모습이
신기합니다.

어제는 못했지만 오늘은 해냅니다.
어제는 몰랐지만 오늘 알아갑니다.

부모는 다 거짓말쟁이입니다.
아이가 대단해 보이는
저도 거짓말쟁이입니다.

거짓말쟁이여도 좋습니다.
푼수같이 보여도 좋습니다.
아이를 바라만 봐도 좋습니다.

아이를 보며,
오늘도 하나님을 알아갑니다.
아버지의 마음을 더욱 깊이 알아갑니다.

부어주세요.
채워주세요.

깨닫게 해주세요.
당신의 마음을.

그가 아버지의 마음을 자녀에게로 돌이키고,
자녀의 마음을 아버지에게로 돌이킬 것이다.

말라기 4:6

최후 승리

아이가 너무 사랑스럽습니다.
아이가 너무 자랑스럽습니다.

하루도 떨어지기 싫습니다.
하지만 잠시 떨어지고 싶을 때가 있습니다.
부모도 사람이기 때문입니다.

힘에 부칠 때 생각합니다.
'쉼을 얻고 싶다.'

탈출구가 필요합니다.
잠시라도, 잠깐이라도
좋은 탈출구가 필요합니다.

부모가 선택한 탈출구, 스마트폰.
스마트폰을 보는 순간
아이는 조용합니다.

그 시간만큼은 잠시나마
나만의 시간이 생깁니다.

카바나투안 아리크리스천학교에서 만난 어린 자매

스마트폰에서 나오는 영상들.
어른에게는 하나같이 유치합니다.
결말이 뻔히 보입니다.

하지만 아이는 이보다 더
진지할 수 없습니다.

감정을 이입한 아이는 변신합니다.
용감한 주인공으로, 개구쟁이 악당으로,
연약한 공주님으로.

항상 주인공이 이긴다는 사실을 잊나 봅니다.
오늘도 주인공이 악당에게 당하는 모습에
악당을 무서워하기도, 마음 아파하기도 합니다.

주인공은 항상 승리한다는 것을 잊은 채.
그리스도인은 항상 승리한다는 것을 잊은 채.

최후승리를 얻기까지 주의 십자가 사랑하리
빛난 면류관 받기까지 험한 십자가 붙들겠네
찬양 <갈보리산 위에>

44

캄보디아 바탐방 어느 시골학교 남매

상황이 때론 악이 됩니다 (첫 유산)

청천벽력
맑게 갠 하늘에서
갑자기 떨어지는 벼락 같은
슬픈 소식을 맞이합니다.

우리에겐 일어나지 않을 것 같은,
꿈이라면 볼을 꼬집어서라도
깨고 싶은 일이 일어났습니다.

기뻤습니다.
행복했습니다.
태의 생명을 허락하신
하나님께 감사했습니다.

주시는 분도 주님이시오,
거두시는 분도 주님이십니다.
이 고백을 하기까지
몇 날 며칠이 걸렸습니다.

그날 밤, 누군가 찾아오길 기다립니다.
위로를 받고 싶습니다.

마음 놓고 울고 싶습니다.

번호를 찾아봐도,
아무리 생각을 해보아도
이곳 선교지에는 없습니다.
마음 터놓을 사람이 없습니다.

다행입니다.
정말 다행입니다.
사람보다 하나님을 의지할 수 있어서.
그분에게 위로 받을 수 있어서.

내가 주님을 의지하니,
아침마다 주님의 변함없는
사랑의 말씀을 듣게 해주십시오.
내 영혼이 주님께 의지하니,
내가 가야 할 길을 알려 주십시오.

시편 143:8

아빠, 사탕 먹어

가슴이 아픕니다. 정신이 혼미합니다.
눈물이 멈추지 않습니다.

욥의 시련이 생각납니다.
그는 자신에게 일어날 시련들을
알고 있었을까요?

시련은 예고 없이 찾아옵니다.
우린 하나님의 때를 알지 못합니다.

엎친 데 덮친다는 속담이 기억납니다.
시련은 한 번으로 족하지 않나 봅니다.
성장은 한 번으로 이루어지지 않나 봅니다.

아이에게 얘기합니다.
"아빠, 가슴이 너무 아파."
말도 어눌한 3살 아들에게
하소연하고 싶었나 봅니다.

제 마음을 이해하기라도 한 듯
아이가 대답합니다.

"아빠 사땅, 사땅 먹어."

눈물이 핑 돕니다.
아들에게 최고의 위로를 들었기 때문입니다.

아이가 울거나, 힘들어할 때면
사탕으로 위로를 해주었던
지난 시간들이 기억납니다.

사탕에 울음을 그치고
다시금 웃음을 되찾던
그 모습이 기억납니다.

하나님, 저도 당신께
최고의 위로를 전해 드리고 싶습니다.

온갖 환난 가운데에서 우리를 위로하여 주시는 분이십니다.
따라서 우리가 하나님께 받는 그 위로로,
우리도 온갖 환난을 당하는 사람들을 위로할 수 있습니다.

고린도후서 1:4

오늘도 나는 배웁니다

빈부격차.
슬픈 의미를 담고 있습니다.

이곳 필리핀의 빈부격차는
상상을 초월합니다.

같은 도시, 같은 장소에
살아가는 사람들이지만
삶의 온도는 너무나도 다릅니다.

누군가는 한 끼를 걱정하는
근심 속의 삶.

또 누군가는 풍족함에 도취된
삶을 살아갑니다.

신앙이 없었다면
이들의 삶을 보며
'정말 하나님은 살아 계신가?'
의문이 생길 듯합니다.

안티폴로 양철집 아이

하지만 감사합니다.
이들의 깊은 삶을 볼 수 있어서.

오해할 뻔했습니다.
가난하면 슬프다고.

오해할 뻔했습니다.
없으면 불행하다고.

가진 것 없어 가난한 삶이지만
웃음만은 가난하지 않습니다.
누구보다 그 누구보다 더 풍족합니다.

오늘도 나는 배웁니다.
이들의 삶을 통해.

오늘도 나는 배웁니다.
이들의 웃음을 통해.

그때에 우리의 입은 웃음으로 가득 찼고,
우리의 혀는 찬양의 함성으로 가득 찼다.
그때에 다른 나라 백성들도 말하였다.
주님께서 그들의 편이 되셔서 큰 일을 하셨다.

시편 126:2

당신 이름의 뜻은 무엇입니까?

오예건.
예배를 세우는 사람이라는 뜻입니다.

이름대로 되라고
아들에게 지어준 이름입니다.

사람은 이름 따라 산다는
말에 동의하여
기도하며, 고뇌하며,
이름을 지었습니다.

어릴 적, 아버지는
저의 이름의 의미를 알려주셨습니다.
그리고 그 뜻대로 살기를 바라셨습니다.

세상보다 커보였던 아버지,
무엇이든 하실 수 있을 것 같았던 아버지,
그분의 바람을 따르기 원했습니다.

결국 이름 따라 살게 되었습니다.
예건이도 이름 따라

예배를 세우는 사람이 되기를
바라고 있습니다.

하나님께서는 아브람에게
새로운 이름을 허락하십니다.

아브라함.
여러 민족의 아버지이자
조상이라는 뜻입니다.

결국 아브라함은
이름대로 살았습니다.

당신 이름의 뜻은 무엇입니까?
그 이름대로 살아가시기를.

나는 너와 언약을 세우고 약속한다.
너는 여러 민족의 조상이 될 것이다.
내가 너를 여러 민족의 아버지로 만들었으니,
이제부터는 너의 이름이 아브람이 아니라 아브라함이다.

창세기 17:4, 5

감사할 것밖에

선교지의 삶은 당연하지도
익숙하지도 않습니다.

모두 새롭고 또 새롭습니다.

새로움은 기대감을 안겨주지만
익숙하지 않음 속에 위험이 도사립니다.

매순간 선교사의 삶을
위협하는 존재가 있습니다.
바로 '운전'입니다.

질서 속의 무질서. 무질서 속의 질서는
언제나 이방인 선교사를 당황시킵니다.

하루에도 열두 번씩 깜짝,
화들짝 놀랍니다.

어디선가 오토바이, 트라이시클, 자전거, 사람 등
예상하기도 전에 안전거리 안으로 '훅' 들어옵니다.

캄보디아 로비아 비포장도로

의식도, 생각도, 하기 전
불평의 말이 나옵니다.

어느덧 은혜는 사라집니다.
오직 분노만 남습니다.

하나님께서 말씀하십니다.
'사고 나지 않으매 감사하여라.'

그렇습니다.
그리스도인은 감사할 것밖에 없습니다.

모든 삶, 감사할 것밖에 없습니다.

감사의 노래를 드리며, 그 성문으로 들어가거라.
찬양의 노래를 부르며, 그 뜰 안으로 들어가거라.
감사의 노래를 드리며, 그 이름을 찬양하여라.

시편 100:4

마닐라 어느 한 거리, 트라이시클

죽지 않은 자아

잘하고 싶습니다.
멋져 보이고 싶습니다.
선교사가 되어도 같습니다.

본성은 변화되지 않았나 봅니다.
죄성은 변화되지 않았나 봅니다.

나라는 존재는 언제나
행위에서 존재감을 찾습니다.
그러니 만족은 없습니다.

항상 더, 더, 잘하고 싶습니다.
그러니 만족은 없습니다.
더 각박한 삶만 남았습니다.

또 잊어버렸나 봅니다.
또 망각했나 봅니다.

하나님은 없습니다.
예수님도 없습니다.
제 마음 깊숙한 곳에 숨겨두었나 봅니다.

오직 자아만 숨 쉽니다.
그러니 만족이 없습니다.

조금 못해도, 조금 못나도
주님을 의지하고 싶습니다.
십자가를 붙잡고 싶습니다.

예수님 오세요.
성령님 오세요.
제 마음에 오세요.

여러분 안에 이 마음을 품으십시오.
그것은 곧 그리스도 예수의 마음이기도 합니다.

빌립보서 2:5

진짜 기적

기적을 바랍니다.
현실에서 벗어나고 싶습니다.

의지할 대상이 필요합니다.
누군가가 있어주길 바랍니다.

누군가에게 나의 말을 전하고 싶습니다.
누군가 들어주길 간절히 바랍니다.

상황이 변하길 바랍니다.
기적이 필요합니다.
절실히 필요합니다.

기억하세요.

진짜 기적은
상황이 변하는 것이 아니라
마음이 변하는 것임을.

당신의 마음이 변하면
능히 이 상황도 극복할 수 있습니다.

당신의 마음이 변하면
능히 이 어려움도 이겨낼 수 있습니다.

기억하세요,
진짜 기적을.

마음의 영을 새롭게 하여,
하나님의 형상을 따라
참 의로움과 참 거룩함으로
지으심을 받은 새 사람을 입으십시오.

에베소서 4:23, 24

선교하시는 하나님

하나님은 오묘하십니다.
말하지 않아도 아십니다.

아내가 제게 말합니다.
"집에 고기가 떨어졌는데…."

까마귀를 보내신 하나님.
엘리야를 먹이신 것처럼,
저희 가정을 먹이십니다.

아내가 제게 말합니다.
"여긴 없겠지? 복숭아가 먹고 싶은데…."

까마귀를 보내신 하나님.
엘리야를 먹이신 것처럼,
가정의 필요를 채우십니다.

누군가 말합니다.
선교는 내가 하는 게 아니라,
하나님께서 하신다고.

하나님은 오늘도 저희 가정을
먹이십니다.
채우십니다.
그리고 선교하십니다.

공중의 새를 보아라.
씨를 뿌리지도 않고, 거두지도 않고,
곳간에 모아들이지도 않으나,
너희의 하늘 아버지께서 그것들을 먹이신다.
너희는 새보다 귀하지 아니하냐?
그러므로 무엇을 먹을까, 무엇을 마실까,
무엇을 입을까, 하고 걱정하지 말아라.

마태복음 6:26, 31

친구가 되는 방법

빈민촌 마을.
한 아이를 만납니다.

웃음이 참 예쁜 아이,
벌써 우린 친구가 되었습니다.

유독 잘 따르는 아이는
이름만 불러줘도 기뻐합니다.
작은 관심에도 행복해합니다.

어여쁜 아이의 작은 행복을
영원히 지켜주고 싶습니다.

얼굴에 핀 웃음꽃을
영원히 간직해주고 싶습니다.

우린 서로를 바라봅니다.
웃음으로 서로를 이해합니다.
웃음으로 서로가 닮아갑니다.

작은 것에 행복한 우리는
이렇게 친구가 되었습니다.

주님을 경외하는 사람이면
누구에게나, 나는 친구가 됩니다.
주님의 법도를 지키는 사람이면
누구에게나, 나는 친구가 됩니다.

시편 119:63

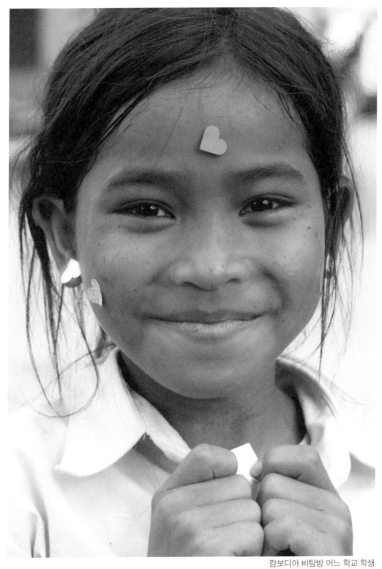

캄보디아 비탐방 어느 학교 학생

특별한 믿음의 처방

반복된 일상,
하나님을 향한 간절함을
잊어버리게 만듭니다.

안정감,
평화로움,

일상을 깨는 '믿음의 도전'이
필요함을 알려주는 신호와 같습니다.

그 안정의 인질이 되어
하나님을 향한 간절함이
사라져가고 있습니다.

'나는 이대로도 괜찮을까?'
이 질문이 가슴을 두드리지만
현실을 깰 용기가 없습니다.

이미 세상 속에 젖어들어
변화가 두려운 사람들에게
특별한 믿음의 처방이 필요합니다.

힘을 내세요.
당신의 용기가
하나님을 보게 할 것입니다.

다가가세요.
당신의 간절함이
하나님을 알게 할 것입니다.

나는, 나를 사랑하는 사람을 사랑하며,
나를 간절히 찾는 사람을 만나 준다.

잠언 8:17

불안할 때

마음이 불안하면
하나님께 나아가
기도해야 합니다.

실은 그렇습니다.
모든 불안은
기도하기 위해 존재합니다.

아버지 되시는 하나님께
말 못 할 그 어떤 고백은 없습니다.

기도의 가치는,
나눌 수 있는 소중한 분이신
하나님의 존재를 확인하는 것입니다.

그런 존재가 있음을
기도 덕분에 깨닫게 됩니다.

불안하십니까?
기도할 때입니다.

필리핀 바라스 피누가이 마을 아이들

진실하게 고백하면
하나님의 얼굴을
더 또렷이 볼 수 있습니다.

그러므로 여러분은 서로 죄를
고백하고, 서로를 위하여 기도하십시오.
그러면 여러분은 낫게 될 것입니다.
의인이 간절히 비는 기도는 큰 효력을 냅니다.

야고보서 5:16

캄보디아 시엠레아프 작은 시골교회 주일예배

자물쇠로 잠그세요

예수님을 붙잡고 싶다면 잠그세요.
자물쇠로 서로를 걸어 잠그면 됩니다.
열지 않으면 됩니다.

예수님과 자물쇠로 잠그는 방법은
습관으로 잠그는 것입니다.

예수님을 향한 습관,
그 습관으로 예수님을 붙잡을 수 있습니다.

잠에서 깨면 하루를 위해 기도하기.
잠자리에 들기 전 감사 기도하기.
말씀으로 세워가는 아침 묵상하기
일상을 찬양과 함께하기.
머릿속에는 항상 찬양이 맴돌기.
성령님의 인도하심으로 살아가기.
예배를 사모하기.
교회가기를 즐거워하기.
성도와의 교제가 풍성하기 등.

예수님으로 생긴 습관.
그분에게 영향 받은 습관들로 나를 채웁니다.

예수님의 사랑으로 채움 받고,
그분의 은혜가 풍성할 때,
예수님과 자물쇠로 채워집니다.

몸이 기억하는 습관, 마음이 기억하는 습관으로
예수님을 잊을 수 없게 됩니다.
예수님을 떠나지 않게 됩니다.
예수님에게 매입니다.

지금부터 예수님과 함께하는 습관을 만드세요.
습관의 자물쇠로 예수님의 사랑을 채우세요.
우리의 자아인 열쇠를 예수님께 드리세요.

예수님과 영원한 사랑에 빠지게 될 것입니다.

아침에는 주님의 사랑으로 우리를 채워 주시고,
평생토록 우리가 기뻐하고 즐거워하게 해주십시오.
시편 90:14

길을 향해 걷는 사랑

예수님과 걷습니다.
나란히 걷다 때론 멀어지고
서로의 길이 엉키기도 합니다.

그래도 사랑으로 함께 걷는
이 길이 너무나 행복합니다.

그러다 어느 순간 깨닫게 됩니다.
내가 예수님을 이끌고 있음을.
내가 원하는 대로 걸어가고 있음을.

천천히, 천천히 이렇게 실행해보세요.

혼자만을 바라보는
고정된 시선을 풉니다.

예수님을 향해
시선을 고정합니다.

용기를 내어
예수님의 손을 잡습니다.

예수님의 사랑을 느낍니다.

예수님,
당신과 함께 영원히 걷고 싶어요.
당신과 함께 영원히 걷는 사랑을 하고 싶어요.

전에는 여러분은 길 잃은 양과 같았으나,
이제는 여러분의 영혼의 목자이며
감독이신 그에게로 돌아왔습니다.

베드로전서 2:25

불완전한 인간의 선택

누군가 얘기합니다.
인생은 선택이라고.
수많은 선택과 마주친다고.

그렇습니다.
우리 인생은 수없이 크고 작은
선택으로 살아갑니다.

영화나 음식처럼 소소한 것에서부터
사람이나 직업 같이 무거운 것까지
우리는 선택하고 책임을 져야 합니다.

선택에 따라 삶의 궤도가 달라지기에
우리는 긴장하며 신중해집니다.

선택이 혹여나 잘못되기라도 한다면
우리는 오래도록 괴로워합니다.

후회 없는 선택.
불완전한 인간에게
너무도 어려운 문제입니다.

불완전한 인간, 완전한 예수.

압박과 부담이 느껴지는 선택,
이제는 예수님께 맡기세요.
이제는 예수님께 드리세요.

더 이상 선택할 필요가 없습니다.
더 이상 책임질 필요도 없습니다.

완전하신 예수님께.

주는 나의 좋은 목자 나는 그의 어린양
철을 따라 꼴을 먹여 주시니 내게 부족함 전혀 없어라
찬송가 570장

존재 그 자체로

인간의 존재는
탄생으로 시작됩니다.

태어나 숨을 쉬고
힘차게 울음을 터트리는 순간,
비로소 우리는
세상을 마주하게 됩니다.

갓 태어난 생명은
너무나 아름답습니다.
생명의 신비는
이루 말할 수 없을 정도로 경이롭습니다.

그러나 슬픈 사실이 있습니다.
갓 태어난 생명은
사람들에게 존재 그 자체로
사랑받을 수 있는
거의 유일한 시기라는 것입니다.

슬픈 사실이 또 있습니다.
갓난아기 때를 지나면

사람은 평가를 받고
가치가 매겨진다는 것입니다.

인간이 존재 그 자체로
사랑받을 수는 없을까요?
인간이 존재 그 자체로
아름답게 여겨질 수는 없을까요?

인간이 할 수 없는 사랑,
예수님께서 해주십니다.
예수님께서 존재 그 자체를 사랑해주십니다.

잘한 적 없어도,
잘할 수 없어도,
십자가의 사랑은 이유가 없습니다.

그리스도께서 여러분을 사랑하셔서,
우리를 위하여 하나님 앞에 향기로운 예물과 제물로
자기 몸을 내어주신 것과 같이,
여러분도 사랑으로 살아가십시오.

에베소서 5:2

나그네 인생

우리 모두는 나그네입니다.
잠시 잠깐 머물다 가는 인생입니다.

그러기에 우리는
고통 가운데 있어도 소망이 있습니다.
고난 가운데 있어도 희망이 있습니다.

우리 모두는 나그네입니다.
본향으로 되돌아가는 인생입니다.

그러기에 욕심을 버릴 수 있습니다.
영원하지 않은 것에
미련을 두지 않을 수 있습니다.

나그네 인생.
고향을 떠나 잠시 머물거나 떠도는 인생.
미련 없이 욕심 없이
살아갈 수 있는 인생입니다.

하지만 익숙함이 우리를 붙잡습니다.
안락함이 우리를 머무르게 합니다.

타협의 순간이 왔습니다.
선택의 순간이 왔습니다.

기억하세요, 그때,
예수님의 삶을.
철저하게 나그네로 사셨던
그분의 삶을.

기억하세요, 그때,
당신의 삶을.
철저하게 나그네로 살아야 하는
당신의 삶을.

여우도 굴이 있고,
하늘을 나는 새도 보금자리가 있으나,
인자는 머리 둘 곳이 없다.

마태복음 8:20

카비테 쓰레기마을
연날리는 아이들

오직 예수님만 남기를

쑥, 올라옵니다.
쭉, 자라납니다.
확, 커졌습니다.
결국 집어삼킵니다.

예수님보다 커진 자아.
교제의 끈이 위태롭습니다.
창조의 섭리를 거슬렀습니다.

마음의 평안이 없어졌습니다.
은혜가 사라졌습니다.
방향을 잃었습니다.

주인이 되면 좋을 줄 알았는데.
주인이 되면 잘할 줄 알았는데.

또 자신을 믿었나 봅니다.

매번 반복하고도
기억하지 못하나 봅니다.
그렇게 후회하고도

되풀이하나 봅니다.

다짐해도, 결심해도
바벨탑을 쌓듯 자아는 높아져만 갑니다.

예수님보다 커진 자아는
그분의 사랑을 배신했습니다.
결국 예수님을 아프게 만들었습니다.

예수님, 이제는
깨어지고 부서지고 무너져서
오직 당신만 남기를 원합니다.

여러분은 본래 자아가 연약하기 때문에
내가 이것을 쉬운 말로 설명합니다.
여러분이 전에 부정과 불법을 위해
여러분의 몸을 죄의 종으로 드린 것처럼
이제는 여러분의 몸을 의의 종으로 드려
거룩하게 살도록 하십시오.

로마서 6:19

'척' 속에 살아가는 우리는

지금부터 영화를 한 편 만들겠습니다.
장르는 휴먼다큐입니다.

주인공을 정하겠습니다.
(두구두구두구두구)
바로 '당신'입니다.

이번에는 감독을 정하겠습니다.
(두구두구두구두구)
감독도 바로 '당신'입니다.

당신의 일상을 담습니다.
당신의 사생활을 담습니다.
당신의 모든 부분을 영화에 담습니다.

혼자 있을 때, 여럿이 있을 때,
집에 있을 때, 밖에 있을 때,
편한 사람을 대하는 당신의 모습,
거리감이 있는 사람을 대하는 당신의 모습,
모두 영화에 담습니다.

드디어 영화 제작이 끝났습니다.
상영에 앞서 지인들을 초청합니다.

가족, 친구, 선후배, 회사 동료,
당신을 아는 모든 사람들을 초청합니다.
그곳에 당신이 함께 있습니다.

영화를 시작합니다. (큐)

기분이 어떠신가요?
떳떳한가요? 창피한가요? 무덤덤한가요?
혹시 쥐구멍이 필요한가요?
가면이 필요하지는 않으신가요?

창피합니다. 부끄럽습니다.
민낯이 드러납니다.

아닌 척, 괜찮은 척, 좋은 척,
'척' 속에 살아가는 우리는
모두 '죄인'입니다.

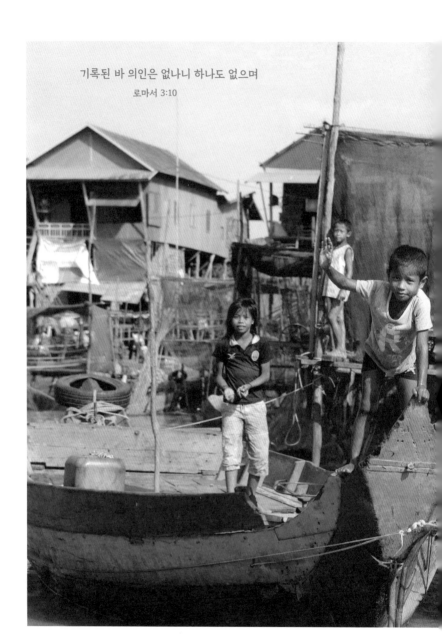

기록된 바 의인은 없나니 하나도 없으며

로마서 3:10

캄보디아 시엠레아프 수상가옥 아이들

그와 그분

그가 예수님을 알게 됩니다.
그분이 좋아지기 시작합니다.
곧 사랑에 빠집니다.

서로를 바라봅니다.
사랑이 깊어집니다.
다른 것은 생각하지 않습니다.

그분에 대한 그의 사랑은 일상이 됩니다.
다른 일상은 우선순위에서 조금씩 밀려납니다.
그는, 그래도 된다고 느낍니다.

그분의 사랑이 당연하게 여겨집니다.
당연하게 노력할 필요를 느끼지 못합니다.

노력이 사라지고 순종이 사라집니다.
순종이 사라지고 관심이 사라집니다.

그분이 아파합니다.
변심한 그의 마음을 아파합니다.

그분이 그리워합니다.
그와 나눴던 사랑을 그리워합니다.

그는 깨닫습니다.
그분의 자리가 가졌던 크기에 관하여.

그는 후회합니다.
그분을 떠났던 자신을 향하여.

그는 용기를 내봅니다.
그분께 돌아갈 용기를 내봅니다.

그는 다시 깨닫습니다.
그분께 돌아가는 것이 아님을.
그분은 항상 그 자리에서
언제나 그를 지켜보고 있었음을.

그가 아직도 먼 거리에 있는데,
그의 아버지가 그를 보고 측은히 여겨서,
달려가 그의 목을 껴안고, 입을 맞추었다.

누가복음 15:20

예수님이니까

누군가 묻습니다.
사람에게 어떻게 상처를 줄 수 있냐고.

다른 누군가 대답합니다.
사람이니까 상처를 줄 수 있다고.

다시 누군가 묻습니다.
사랑을 어떻게 버릴 수 있냐고.

다시 다른 누군가 대답합니다.
사람이니까 버릴 수 있다고.

사람이니까, 인간이니까,
상처도 주고 사랑도 버릴 수 있다고.

누군가 묻습니다.
상처를 받지 않을 순 없냐고.

다른 누군가 대답합니다.
한 분 있다고, 그분은 다르다고.

다시 누군가 묻습니다.
사랑을 받으며 살아갈 순 없냐고.

다시 다른 누군가 대답합니다.
한 분 있다고, 당신을 사랑해 줄 사람이.

예수님이니까, 사랑이니까.
상처를 치유할 수 있다고,
영원히 당신을 사랑해 줄 수 있다고.

예수님이니까.

나 주가 먼 곳으로부터 와서
이스라엘에게 나타나 주었다.
나는 영원한 사랑으로 너를 사랑하였고,
한결같은 사랑을 너에게 베푼다.

예레미야 31:3

당신은 아름답습니다

사람에 따라 사물과 상황을
다르게 바라보고 다르게 느낍니다.

어떤 사람은 장미를 보며
장미에 핀 아름다운 꽃보다
뾰족한 가시를 바라봅니다.
그리고 가시가 많은 장미를 싫어합니다.

또 어떤 사람은 장미를 보며
장미에 박혀 있는 뾰족한 가시보다
아름다운 꽃을 바라봅니다.
그리고 예쁘게 핀 장미를 좋아합니다.

우리 주변에는
장미와 같은 사람들이 있습니다.
뾰족한 가시가 위협합니다.
다가서면 찔릴 것 같습니다.

장미와 같은 사람들.
가시보다 꽃을 바라봐 주세요.
예쁜 그 모습을 바라봐 주세요.

장미의 가시들이
하나둘씩 떨어져 나갈 것입니다.
더 이상 위협이 되지 않겠지요.
주변 사람들은 행복해지겠지요.

가시 많은 우리의 인격이
예수님의 형상으로 변해가고
그 향기를 내뿜는 것이
성화되어가는 우리의 모습입니다.

당신은 아름답습니다.
아름다운 장미꽃처럼.

너는 그리스도의 향기라
너는 그리스도의 편지라
하나님 앞에서 그리스도의 향기니
너를 통해 생명이 흘러가리
너를 통해 생명이 흘러가리
너는 그리스도의 향기라

골목길에서 만난 예수님

살랑살랑 바람이 부는
나른하고 한가한 곳,
오래 걸어도
지루하지 않은 그곳은
골목길입니다.

오늘도 정다운 골목길에 나섭니다.

언제나 그곳, 그 자리에
머물러 있는 사람들이 보입니다.

해맑은 어린아이로부터
인자한 노인에 이르기까지
반갑게 맞이해주는 사람들이 보입니다.

그들의 얼굴에 예수님이 보입니다.
해맑은 예수님이 보입니다.
인자한 예수님이 보입니다.

골목길에서 만난 예수님.
그들을 통해 예수님을 만납니다.

당신이 만나는 사람,

그 사람을 통해 예수님을 보세요.

그 사람을 통해 예수님을 만나세요.

그러나 그들은 눈이 가려져서
예수를 알아보지 못하였다.
그제서야 그들의 눈이 열려서,
예수를 알아보았다.

누가복음 24:16, 31

예수님으로 채우다

불현듯 찾아오는 불청객.
고향에 대한 그리움은 그렇게
소리소문 없이 찾아옵니다.

주기적으로 찾아오는 불청객.
사무치는 외로움은 그렇게
떠밀어도, 쫓아내어도 찾아옵니다.

본토 친척 아비 집을 떠나
살아가는 이방인은
몸소 겪는 그리움과 외로움에
아직도 적응하지 못합니다.

불청객이 찾아올 때면
급격히 변화되는 감정 앞에
쌓았던 믿음은 무너져 내립니다.

'내가 여기서 무엇을 하고 있나?'
내면의 질문 앞에
사명과 결심은 온데간데없습니다.

요동치는 감정의 늪 속에서
헤어 나오고 싶습니다.
절망과 좌절 속에서
박차고 일어나고 싶습니다.

무언가를 찾습니다.

떨어져 있는 가족에게 연락하고,
마음 터놓을 친구에게 하소연합니다.

때론 맛있는 음식으로 달래보고,
세상 이야기로 덮기도 합니다.

무엇인가 채우고 싶습니다.

하지만
그리움과 외로움이 커집니다.
공허해져갑니다.
그 무엇도 내 마음을 채울 수 없습니다.

오직

예수님만 채울 수 있습니다.

예수님만 회복시킬 수 있습니다.

그러므로 여러분이 그리스도 예수를
주님으로 받아들였으니, 그분 안에서 살아가십시오.

골로새서 2:6

카비테 무덤마을에 사는 주민들

어떤 마음을 택하시겠습니까?

두 마음이 서로 견제합니다.
하지만 공존합니다.

너무나 다른 두 마음은
타협할 생각이 없습니다.

다른 한쪽이 포기해야
비로소 끝이 납니다.

오늘도 물러서지 않는 싸움 앞에
내 영은 괴로워합니다.

어떤 마음을 택해야 하는지
무엇이 옳은 선택인지
잘 알고 있습니다.
단지 그렇게 하기 싫을 뿐입니다.

꼿꼿한 자아는 인정하지 않습니다.
예수님의 마음을 인정하지 않습니다.
단지 그렇게 하기 싫을 뿐입니다.

결국 모난 자아가 드러납니다.
예수님은 더 이상 없습니다.
삶은 무너져 버립니다.

두 마음을 품은 우리는
끊임없이 싸우며 살아갑니다.

하나님께로 가까이 가십시오.
그리하면 하나님께서 가까이 오실 것입니다.
두 마음을 품은 사람들이여,
마음을 순결하게 하십시오.

야고보서 4:8

단순하게

빠릅니다.
세상은 참으로 빠르게
바뀌어갑니다.

복잡합니다.
세상은 참으로 복잡하게
바뀌어갑니다.

빠르게 바뀌는 세상 앞에
초라한 나를 발견합니다.

복잡하게 바뀌는 세상 앞에
작기만 한 나를 발견합니다.

세상은 말합니다.
"시대를 앞서가야 해.
변화를 두려워하면 안 돼."

무섭습니다.
두렵습니다.
잘 해낼 자신이 없습니다.

그 기대에 부응할 자신이 없습니다.

수많은 생각이 스쳐갑니다.
마음은 더욱 복잡해져 갑니다.

해결점이 필요합니다.
단순해져야 합니다.

단순하게 예수님만 바라봅니다.
단순하게 십자가만 의지합니다.

복잡하지 않은 마음.
현혹되지 않는 신앙.
단순함이 답입니다.

그렇다. 다만 내가 깨달은 것은 이것이다.
하나님은 우리 사람을 평범하고 단순하게 만드셨지만,
우리가 우리 자신을 복잡하게 만들어 버렸다는 것이다.

전도서 7:29

함께 길을 걷는 것만으로도

길을 걷습니다.
다른 곳에 마음을 빼앗깁니다.
시선이 그곳을 향하자 곧 넘어집니다.

사람들은 깨닫습니다.
시선이 다른 곳을 향하면 다친다는 것을,
넘어지면 아프다는 것을,
다시 일어서기 힘들다는 것을.

이내 허리를 꼿꼿이 세우고
앞을 향해 걷습니다.
다른 곳에 시선을 두지 않습니다.
오직 앞만 보며 걷습니다.

넘어지면 아프니까,
넘어지면 일어서기 힘드니까,
넘어지면 뒤처지니까.

앞만 보며 걷는 그 길은
참으로 외롭습니다.
경쟁 속에 걷는 그 길에

결국 지쳐 버립니다.

넘어지지 않으면, 실수하지 않으면
행복할 줄 알았는데….
앞서가면, 더 빨리 가면
만족할 줄 알았는데….

길은 함께 걸어야
더 행복합니다.
천천히 주변과 하나가 될 때
더 빛이 납니다.

실수해도 괜찮아요.
천천히 가도 괜찮아요.
경쟁하지 않아도 괜찮아요.

함께 길을 걷는 것만으로도 충분하거든요.

또한 여러분은, 우리의 주님이시며 구주이신 예수 그리스도의
영원한 나라에 들어갈 자격을 충분히 갖출 것입니다.

베드로후서 1:11

입맛대로 행하는 작은 그릇

이곳, 필리핀에 살다 보면
참 많은 사람들을 만납니다.

부유한 사람,
가난한 사람.

도우려는 사람,
도움받으려는 사람.

진실하게 대하는 사람,
거짓으로 다가오는 사람.

남으로 취급하는 사람,
가족으로 다가오는 사람.

다양한 사람들을 만나다 보니
괜스레 새로운 만남을 경계합니다.

혹시 다른 마음을 품고
접근하는 건 아닌가,
염려가 먼저 앞섭니다.

안티폴로 알레산드로 가정

색안경을 벗지 못한 채
스스로 방어해 버립니다.
하나님이 허락하신 만남을
스스로 판단해 버립니다.

복음의 문이 닫힙니다.
나의 그릇이 작아서 닫힙니다.

품으려고 왔는데, 전하려고 왔는데,
입맛대로 행하는 나의 작은 그릇에
허락하신 만남을 담을 수가 없습니다.

작은 그릇을 과감히 깨트리고
더 큰 그릇이 되고 싶습니다.
영혼을 마음껏 담을 수 있는
합한 그릇이 되고 싶습니다.

누구든지 자신을 깨끗하게 하면,
그는 주인이 온갖 좋은 일에 요긴하게 쓰는
성별된 귀한 그릇이 될 것입니다.

디모데후서 2:21

캄보디아 바탐방교회 주일학교 예배

예수님의 사람

나는 누구일까요?

현재의 나,
내가 되고 싶어 하는 나.

사람들이 생각하는 나,
사람들이 생각해주길 바라는 나.

분리되어 버린 자아.
도대체 나는 누구일까요?

과거의 나, 현재의 나,
그리고 미래의 나.
나의 정체성은 어디에 있을까요?

말문이 막힙니다.
답하기가 참으로 어렵습니다.

내가 인식하는 나와
사람들이 인식하는 내가 달라서.

현재의 나의 모습과
내가 되고 싶은 나의 모습이 달라서.

나는 누구일까요?
그 답을 찾으며 살아갑니다.

나를 지으신 분을 알게 되었을 때
비로소 질문이 멈춥니다.

내가 지으신 분의 목적대로 살아갈 때
비로소 나의 정체성을 깨닫게 됩니다.

나는 예수님의 사람입니다.

내가 너를 모태에서 짓기도 전에 너를 선택하고,
네가 태어나기도 전에 너를 거룩하게 구별해서,
뭇 민족에게 보낼 예언자로 세웠다.

에레미야 1:5

기나긴 밤

간밤에 악몽이 찾아왔습니다.
절대 현실로 일어나지 않기를
바라는 불청객입니다.

사랑하는 아내가
다른 남자 품안에 있는
비현실적인 꿈입니다.

너무나 현실 같은 생생한 꿈에
꿈속 세계와 현실 세계를
구분하기가 힘듭니다.

꿈속에서 느낀 좌절감과 절망감,
강한 충격에 화들짝 잠에서 깹니다.

가장 신뢰하고
가장 아끼고 사랑하는
대상에 대한 상실감.

꿈이지만 다시는
반복하고 싶지 않습니다.

하나님의 마음이 부어집니다.
아버지의 아픔이 느껴집니다.

가장 신뢰하는
가장 아끼고 사랑하는
대상이 바로 '나'였습니다.

하나님 품을 떠나
세상 품에 안겨 있는 나는,
아버지를 근심하게 만듭니다.

좌절과 절망의 고통.
아버지의 아픔을 깨닫습니다.

기나긴 밤, 뜬눈으로 지새우며 회개합니다.
기나긴 밤, 사랑으로 채우며 회복합니다.

나는 영원한 사랑으로 너를 사랑하였고,
한결같은 사랑을 너에게 베푼다.

예레미야 31:3

더
가
까
이

필리핀 안티폴로 이나라완 망고나무교회 아이들과 함께

진리 중의 진리

8년 전, 필리핀 단기선교를 간 적이 있습니다. 그것이 계기가 되어 선교사로 살게 되었습니다. 그때 저희 선교팀은 마닐라 부근의 한 쓰레기마을에 방문했습니다. 그곳은 그냥 쓰레기마을이 아닌 바다를 쓰레기로 덮어서 땅을 만들고 집을 짓고 사는 곳이었습니다.

버스에서 내리는 순간, 한국 분들이 똑같이 하는 행동이 있습니다. 바로 코를 막는 것입니다. 악취가 너무 심해서 코를 막지 않을 수 없습니다. 헛구역질이 날 정도로 냄새가 심했습니다. 말을 할 수도 없었습니다. 파리가 얼마나 많은지 말할 때마다 입 안으로 파리가 들어와서 입을 열지도 못할 정도였습니다. 그렇게 너무 심하게 오염되어 있었습니다.

그런 곳에서 아이들은 학교도 가지 않고 쓰레기를 분리수거하며 생활하고 있었습니다. 그 아이들의 몸 곳곳에는 상처가 나 피고름이 맺혀 있었습니다. 아마도 날카로운 물건에 베어 상처가 난 것 같았습니다. 여기저기에 상처 나고 곪아 있는 아이들의 몸 곳곳에 파리가 알을 까고 있는 모습은 매우 충격적이었습니다. 쫓아내도 다시 들러붙는 파리 앞에 무기력해진 아이들. 마음이 아프고 쓰라린 순간이었습니다.

그 순간 하나님께서 제 마음 가운데 말씀하셨습니다. '이곳이 너의 마음이다. 악취가 나고, 피고름이 맺힌 상처에 파리 떼가 알을 까는 바로 이곳이.'

하나님의 음성을 듣는 순간 깨달았습니다.

진리 중의 진리는 바로 그곳에 예수님이 계신다는 사실입니다. 악취가 너무 심한 곳, 숨쉬기조차 힘든 곳, 빨리 벗어나고 싶은 곳, 우리들의 마음인 바로 그곳에 예수님이 계십니다. 성령님이 계십니다.

하나님께서는 또한
우리를 자기의 것이라는 표로 인을 치시고,
그 보증으로 우리 마음에 성령을 주셨습니다.

고린도후서 1:22

카비테 쓰레기마을 아이들

진실, 성실, 신실

인간은 참으로 어리석습니다. 인간이 하는 대부분의 염려와 걱정은 현재 일어난 일보다 일어나지 않은 일입니다. 바로 내일을 염려하는 삶을 살아갑니다.

제가 결혼한 지 1년이 되었을 때, 제 아내가 예건이(아들)를 임신했습니다. 너무나 기뻤습니다. 하지만 저에게는 기쁨 뒤에 숨겨진 작은 두려움도 있었습니다. 혹시나 있을 아이의 건강 문제였습니다.

그때 저는 이렇게 기도했습니다. "하나님 건강하게만 태어나게 해주세요." 그만큼 두려운 마음이 컸습니다.

예건이 출산을 앞두고도 아내는 일을 쉬지 못했습니다. 자영업을 하던 저희는 하루도 쉬지 못하고 영업장 문을 열어야 했고, 모든 일을 도맡아 하던 아내는 출산 하루 전에도 만삭의 몸으로 밤늦은 시간까지 일했습니다. 지금 생각해보면 참 부족한 남편이었습니다. 미성숙했고 어떻게 아내를 대해야 하는지도 모르는, 사는 데만 급급했던 새신랑이었습니다.

진통이 시작되었다가 잠시 잦아들자 아내는 병원에 가자고 말했습니다. 급히 차를 타고 병원에 갔습니다. 저는 진통으로 고생하는 아내를 옆에 두고 아내보다 태어날 아이를 더 걱정했습니다.

"아이에게 혹시 장애가 있으면 어떻게 하나?" 걱정과 염려가 몰려왔습니다. "과연 이 아이가 잘 자랄 수 있을까? 건강하게 클 수 있을까?" 염려 속에 아내의 진통을 지켜봤습니다.

저는 큰 산을 넘을 때마다 하나님의 마음을 구하려 노력합니다. 대입이나, 첫 직장, 결혼, 출산 등 인생의 큰 산을 넘어야 할 때 하나님의 마음이 무엇인지, 지금 이 상황을 통해 무엇을 말씀하시는지 들으려 노력합니다.

예건이가 태어나는 순간에도 계속해서 기도하며 하나님의 마음을 구했습니다. 쉽사리 사라지지 않는 두려움과 염려, 내 생각을 뒤로 하고 하나님 아버지의 마음을 구하며 태어날 아이를 맞이할 준비를 했습니다.

진통이 점점 심해지는 아내의 손을 꼭 붙잡고 있던 그때, 의사 선생님이 아기가 나온다고 말했습니다. 아내의 몸에서 나오는 새 생명을 보았습니다. 그 순간 하나님께서 제 머릿속에 세 가지 단어를 깊이 새겨 주셨습니다. 진실, 성실, 신실이었습니다. 저는 일어나지도 않은 일을 두려워하고 염려했지만 하나님께서는 저에게 진실하게, 성실하게, 신실하게 오늘을 살라고 말씀하셨습니다.

하나님께서는 타인에게 진실하고, 삶에 성실하며, 하나님께 신실한 삶으로 새 생명에게 본이 되는 삶을 살아가기를 원하셨습니다. 그래서 저희 가정의 가훈이 '타인에게 진실하고, 삶에 성실하며, 하나님께 신실하자'가 되었습니다. 항상 제 삶을 진실, 성실, 신실에 빗대어 보게 해줍니다.

그러므로 내일 일을 위하여 염려하지 말라
내일 일은 내일이 염려할 것이요
한 날의 괴로움은 그 날로 족하니라
마태복음 6:34

열방선교회 주일예배, 오예건

손에 꼭 쥐고 있는 것

저는 스물여덟 살에 제 아내와 부족함 투성이인 채로 결혼했습니다. 사랑이면 될 줄 알았던 결혼생활, 현실은 녹록치 않았습니다. 다세대 주택을 거쳐, 원룸 월세, 정부 지원 주택을 거쳐 결혼생활 1년 6개월 만에 아파트에 살기까지 총 네 번의 이사를 했습니다. 숨 쉬는 시간까지 아까워하며 충실히 살았습니다.

아내와 저는 참 많이 다릅니다. 아내는 안정을 추구하고 꼼꼼하며 끈기 있게 맡은 일을 끝마치는 반면 저는 금방 열정이 불타오르지만 금방 식어버리는 양은냄비와 같습니다. 달라도 한참 다른 저희 부부는 각자의 자리에서 최선을 다해 신혼 기간을 보냈습니다.

가진 것 없이 시작한 결혼생활은 3년쯤 지났을 무렵 조금씩 숨통이 트였습니다. 남부럽지 않게 살게 되었습니다. 신도시 아파트에 입주했고, 원하는 차를 샀고, 번듯한 사업체도 있었습니다. 주말이면 대형교회 전도사로 사역도 했습니다.

저는 서서히 인정받는 삶에, 누군가 알아주는 삶에 심취했습니다. 하나님보다 높아져 버린 자아, 무엇이 진리인지 분별하지 못하고 껍데기만 붙잡은 채로 바벨탑을 쌓았습니다.

어느 순간, 더 이상 이렇게 살면 안 되겠다는 생각이 들었습니다. 타인의 영혼을 위해 선교사가 되겠다는 생각보다는 저 자신부터 구해야겠다는 생각이 들었습니다. 선교사로 살아가기로 결심했습니다. 제가 하나님을 깊이 만난 곳이 바로 선교지였기 때문입니다.

저희가 선교 나간다고 하자 진심으로 격려해 주신 분들도 있었습니다. 하지만 몇몇 분들에게는 걱정 담긴 조언도 들었습니다. 힘들게 자리 잡았는데 왜 사서 고생하니? 나중에 선교를 해도 되지 않느냐는 것이었지요. 하지만 그런 조언에 흔들리지 않고 선교를 준비했습니다.

1년의 준비기간 동안 선교 훈련을 받으며 한국생활을 정리했습니다. 선교사가 되어야겠다는 결심이 서는 순간부터 하나님은 자연스럽게 제가 움켜쥐고 있던 것들을 내려놓게 하셨습니다. 의지할 대상들을 없애고 하나님만 바라보게 만드셨습니다. 그렇게 저희 세 식구는 하나님이 인도하시는 대로 필리핀 땅을 밟게 되었습니다.

가지면 행복할 줄 알았고, 더 가지면 만족할 줄 알았습니다. 하지만 그 어떤 것으로도 제 삶을 채울 수는 없었습니다. 살기

위해 나간 선교, 이 또한 하나님의 계획이었습니다. 저를 살리
셨고 저를 통해 영혼을 살리셨습니다.

두려워하지 말아라. 이제부터 너는 사람을 낚을 것이다.
그들은 배를 뭍에 댄 뒤에, 모든 것을 버려두고 예수를 따라갔다.
누가복음 5:10, 11

열방선교교회 주일학교 예배시간

당신의 물맷돌은 무엇입니까?

사람은 자신만의 영광된 순간을 안고 살아갑니다. 또한 지우고 싶은 아픈 기억도 버리지 못하고 살아갑니다. 저에게 태권도는 영광된 순간이자 아픈 기억이기도 합니다.

어린 시절, 몸이 허약했던 저에게 체력을 단련하라고 부모님께서 태권도장에 보내주셨습니다. 운동선수였던 아버지의 영향을 받아 저는 태권도에서 두각을 나타냈고, 제가 다니던 초등학교에 태권도부가 창설되면서 자연스레 그곳에 들어가게 되었습니다. 초등학교 5학년 때부터 본격적으로 시작한 태권도 선수 생활은 중·고등학교를 거쳐 대학 때까지 이어졌습니다.

선수 생활을 하면서는 좋았던 기억들보다 싫었던 기억들이 더 많습니다. 강압적인 분위기 속에서 고된 훈련과 선배들의 군기와 얼차려를 견뎌야 했습니다. 또한 경쟁 구조 속에서 타인을 이겨야 승리하는 경기를 치르는 일은 저의 성향과 맞지 않았습니다. 그래도 경기에서 좋은 성적을 낼 때만큼은 성취감으로 행복했습니다.

운동선수 생활을 그만두게 된 것은 선배의 부당한 행위 때문이었습니다. 화를 참지 못하고 홧김에 결정한 것이었지요. 하늘이 무너지는 것 같았고 공든 탑이 와르르 무너지는 것 같았습니다. 저에게 전부였던 태권도는 결국 한때의 추억이 되었습니다.

인생의 조각들, 삶의 파편들 모두 하나님께는 쓸모없는 것이 없나 봅니다. 태권도는 제 삶의 작은 부분으로 변했지만 하나님께서는 그것조차 신실하게 사용하셨습니다.

대학시절, 하나님을 깊이 체험하고 나서 저는 무엇이라도 그분께 드리고 싶었습니다. 하지만 가진 물질도 없었고 선한 것이 없었습니다. 오로지 열정과 건강한 신체, 그리고 20년 가까이 수련한 태권도 기술뿐이었지요.

보잘것없는 그것이라도 드리고픈 마음에 젊음의 십일조를 드리기로 결심했습니다. 하나님께서는 저에게 뉴질랜드 원주민 마오리족을 섬기게 하셨습니다. 그곳에서 원주민들과 동고동락하며 태권도를 가르쳤습니다.

그 후 하나님께서는 저의 발걸음을 다른 곳으로 옮겨 주셨습니다. 이스라엘 백성도 거처 간 곳, 예수님도 거처 가신 곳, 바로 이집트였습니다. 그 땅에서 국제협력요원으로 30개월간 태권도를 가르쳤습니다.

지금은 필리핀에서 열방선교교회 청소년들과 청년들을 대상으로 태권도를 가르치며 복음을 전하고 있습니다. 교회는 다니지 않아도 태권도가 좋아서 수련에 참여했던 몇몇 학생들이 교회에 나오기 시작했습니다. 그 학생들이 친구들을 데리고 와서 지금은 아이들이 제법 많아졌습니다.

필리핀 청소년들이나 청년들은 대부분 꿈이 없습니다. 하루 생계를 걱정하는 이들에게 먼 미래의 삶이란 뜬구름 같은 것이겠지요. 그런 그들에게 태권도 수련은 쓰라린 현실을 잊게 만듭니다. 수련에 집중하다 보면 녹록치 않은 현실을 잊을 수 있습니다. 자신감도 커집니다. '나도 한 번'이라는 작은 도전의식이 생깁니다.

태권도를 갈고닦는 자랑스러운 제자들 모두가 하나님으로부터 귀히 쓰임 받게 되기를 소망합니다.

제 삶 속에서 보잘것없다고 여겼던 태권도를 하나님께서는 다윗의 물맷돌로 사용하셨습니다.

다윗은 주머니에 손을 넣어 돌을 하나 꺼낸 다음,

그 돌을 무릿매로 던져서,

그 블레셋 사람의 이마를 맞히었다.

골리앗이 이마에 돌을 맞고 땅바닥에 쓰러졌다.

이렇게 다윗은 무릿매와 돌 하나로

그 블레셋 사람을 이겼다.

사무엘상 17:49, 50

바라스 열방선교 태권도팀

너는 나만 바라보면 돼

한국에서 선교를 준비할 때, 저에게는 큰 고민거리가 있었습니다. 선교사의 삶을 포기해야 하나 생각한 적도 있습니다. 영혼에 대한 마음 때문이었습니다.

'지금 당장 길거리에 있는 저 사람들은 내버려두고 어떻게 다른 나라에 가서 복음을 전한다는 거지? 여기에 있는 사람들조차 사랑으로 품지 못하면서 어떻게 다른 민족을 사랑할 수 있을까?' 이런 질문들 앞에서 저는 몇 날 며칠을 고민하고 고뇌했습니다.

도무지 답을 얻지 못하고 괴로워하던 그때, 하나님께서는 저의 마음에 이렇게 말씀하셨습니다.

'복음을 전하는 것, 남을 사랑하는 것은 네 힘으로 할 수 없는 거야. 너는 나만 바라보면 돼. 나만 사랑하면 돼.'

그 음성을 듣고 난 뒤 제 삶을 돌아본 저는 복음을 전하는 일도, 사랑하는 일도 제 힘으로 하려 했다는 것을 깨달았습니다. 모든 일의 주체는 예수님이 아닌 저의 모난 자아였습니다. 제 마음 어디에도 예수님은 계시지 않았습니다.

예수님을 바라보면 예수님이 보고 계신 사람들이 보일 것입니다. 예수님을 사랑하면 예수님이 사랑하시는 사람들을 사랑하게 될 것입니다. 우리들의 모난 자아는 그렇게 죽어갈 것입니다.

우리의 옛 자아가 그리스도와 함께
십자가에 못 박힌 것은 죄에 매인 육체를 죽여서
다시는 죄의 종이 되지 않게 하려는 것인 줄 압니다.

로마서 6:6

하나님과의 관계 비례

고난은 잔잔하게 찾아오지 않습니다. '이제 끝이겠지'라는 생각이 무색할 만큼 고난의 순간들은 거센 파도처럼 휘몰아쳐 옵니다.

선교사로 파송 받고 1년 정도 되었을 즈음 저희 가정에 고난이 찾아왔습니다. 저희가 거주하던 지역의 한 선교사님을 알게 되었습니다. 30년 차이신 그 선교사님은 저를 표적으로 삼고 가만히 내버려두지 않았습니다. 말도 되지 않는 이유로 저에게 돈을 갈취하려고 했습니다. 욕설 섞인 온갖 협박은 겨우 1년밖에 되지 않은 신참 선교사의 삶을 고되게 만들었습니다. 몇 주 동안이나 계속되는 협박을 견디지 못하고 그분이 요구한 돈의 3분의 1을 주었습니다. 180도 변하는 그분의 태도에 정말 당황스러웠습니다.

그런데 그것으로 끝이 아니었습니다. 협박이 난무하던 그 주에 아내가 첫 번째 유산을 겪었습니다. 마치 이 모든 일이 나의 잘못 같았습니다. 좌절과 절망 속에서도 고난이 어서 끝나기만을 바랐습니다.

부랴부랴 아내의 수술을 위해 비행기표를 끊고 공항으로 달려갔습니다. 공항에 도착해 항공권 발권 카운터 앞에 섰을 때

항공사 직원이 당황해 하는 기색을 보였습니다. 아무리 찾아봐도 저희 이름이 없다는 것이었습니다. 황당했습니다. 이미 늦은 저녁 시간이었습니다.

알고 보니 항공권을 구매한 여행사에서 실수로 예약을 다른 날로 해놓았던 것이었습니다. 가진 돈을 탈탈 털어 티켓을 샀기 때문에 여윳돈도 없었습니다. 한시가 급한 상황에서 돈도 시간도 없는 저 자신이 너무나 한심하고 비참했습니다. 다행히 가족의 도움으로 3배가 넘는 티켓비를 치르고서야 가까스로 한국행 비행기에 오를 수 있었습니다.

모든 것이 조화롭고 순조롭다면 그보다 평안한 삶이 어디 있을까요? 어렵게 귀국했지만 더 이상 저희가 머물 집도, 편하게 타고 다닐 차도 없었습니다.

결단하고 떠난 선교사의 삶. 1년이라는 시간이 흐르는 동안 식품이 썩어버리는 것처럼 저의 영혼도 점점 메마르고 변질되어 갔습니다. 고난이라는 장벽 앞에 하나님과 맺었던 깊은 관계의 끈이 느슨해지면서 나타난 변화였습니다.

고난은 누구에게나 찾아옵니다. 그러나 하나님과의 관계가

친밀한 사람은 큰 문제 앞에서도 당황하지 않습니다. 거센 고난보다 강하신 하나님을 바라보며 거뜬히 극복하고 이겨냅니다. 하지만 하나님과의 관계가 멀어진 상태에서 방황하는 사람은 작은 돌부리에도 걸려 넘어집니다. 하나님보다 상황과 환경을 바라보면서 결국 더 깊은 수렁에 빠져듭니다.

고난 가운데 계십니까?
말 못 할 아픔이 있습니까?

하나님과의 관계를 점검해보시기 바랍니다. 그분과 더 가까이 교제하시기를 소망합니다. 고난보다 크신 하나님의 영광을 바라보시기를 축복합니다.

너희 중에 고난당하는 자가 있느냐 그는 기도할 것이요
즐거워하는 자가 있느냐 그는 찬송할지니라

야고보서 5:13

카비테 수상가옥

진짜 기적 (두 번째 유산)

저희 가정에 큰 기쁨이 있었습니다. 아내의 뱃속에 기다리던 둘째가 생긴 것입니다. 작년에 유산의 아픔을 겪어 더욱 큰 기쁨이 되었습니다. 한 번 유산을 경험해서인지 조심스러워서 가족들에게 알리지 못했습니다.

진료비가 비싼 산부인과에 가서 검사도 받고 진료도 받았습니다. 6주까지는 아이가 잘 자랐습니다. 그런데 7주, 8주, 9주가 되었는데도 아이는 계속 6주 차에 머물러 있었습니다.

그러고는 결국 유산이 되고 말았습니다. 슬퍼할 겨를도 없이 아내는 수술을 받기 위해 아들 예건이를 데리고 한국으로 떠났고, 저는 사역을 하느라 동행하지 못했습니다.

하나님에게 원망이 터져 나왔습니다.

"하나님, 남들은 한 번도 겪지 않고 지나가는 일을 왜 저희는 두 번이나 겪어야 합니까? 다른 선교사님들은 다른 것으로 훈련시키시면서 저희는 왜 생명으로 훈련시키시는 겁니까?"

눈물로 탄식하며 며칠을 보냈습니다.

그 일을 겪은 그 주 주일날, 예배 가운데 하나님께서 말씀하셨습니다.

'한 알의 밀이 땅에 떨어져 죽지 아니하면 열매를 맺을 수 없다.'

한 순간에 마음이 변화되는 것을 느꼈습니다. 상황과 환경이 변화되는 것이 기적이 아니라 마음이 변화되는 것이 진짜 기적임을 깨달았습니다.

내가 진정으로 진정으로 너희에게 말한다.
밀알 하나가 땅에 떨어져서 죽지 않으면 한 알 그대로 있고,
죽으면 열매를 많이 맺는다.

요한복음 12:24

나를 더 사랑하지 않겠어?

저희 가정이 필리핀에 온 지 2년이 지나 이제 3년차 선교사가 되었습니다. 사역도 문화도 생활도 적응이 되어 바쁘게 사역하고 있을 때 하나님께서는 저의 마음을 보게 하셨습니다.

온전한 사랑이 없는 저의 마음. 2년이란 시간이 흘렀지만 아직도 영혼을 향한 진심 어린 사랑이 없는 제 모습을 보고 나니 선교사의 삶에 회의가 느껴졌습니다. 현지인을 사랑하는 일은 2년밖에 되지 않은 선교사에게는 너무 어려운 숙제였습니다.

하나님께서는 이런 저에게 말씀하셨습니다. '현지인을 사랑하는 것이 어렵지? 그러면 나를 더 사랑하지 않겠니?' 그렇습니다. 우리는 누군가를 사랑할 수 없는 존재입니다. 누군가를 품을 수도 없는 존재입니다.

우리는 구원자 되시는 그리스도 예수님을 더욱 사랑해야 합니다. 예수님이 사랑하시는 사람들을 우리도 사랑할 수 있습니다. 그분을 깊이 사랑할 때 우리는 비로소 영혼을 사랑으로 품을 수 있습니다. 있는 모습 그대로 영혼을 바라볼 수 있게 됩니다.

예수가 그리스도이심을 믿는 사람은 다 하나님에게서 태어났습니다.
낳아주신 분을 사랑하는 사람은 다 그분이 낳으신 이도 사랑합니다.

요한1서 5:1

147

한 사람이 너무나 소중합니다

어쩌다 목회를 시작하게 되었습니다. 저는 전문인 선교사(태권도)로 아직 신학대학원을 졸업하지 못한 평신도 선교사입니다. 그런 제가 교회를 개척하여 목회를 하게 될 줄은 몰랐습니다. 하지만 하나님의 계획과 뜻은 저의 생각을 뛰어넘으셨습니다.

저희 교회 이름은 'We are church(우리는교회)'입니다. '우리는교회'는 제가 담당하기 전에 이미 4년이라는 긴 시간 동안 담당 교역자 없이 열방선교교회 현지 청소년들을 통해 어린이 예배가 이어진 귀한 공동체입니다. 한 청소년의 입에서 나온 'We are church'라는 고백으로 우리는교회가 시작되었습니다. 하나님의 은혜로 현재는 어린아이부터 노년에 이르기까지 전 세대가 모이는 교회가 되었습니다.

2009년 9월, 필리핀에 잊지 못할 아픔이 있었습니다. 수백만 명의 이재민, 수백 명의 생명을 앗아간, 기억하고 싶지 않은 이름 '슈퍼 태풍 온도이'. 10년이 지난 지금도 필리핀 사람들에게는 두려움의 순간으로 기억됩니다.

우리는교회가 위치한 피누가이 마을은 태풍 온도이로 피해를 입어 오갈 곳이 없는 이재민들이 모여들어 만들어진 이주민촌입니다. 처음에는 2,800가구(대략 1만 명)로 1단지가 조성되어 이주민촌이 만들어졌지만, 도시 빈민들과 저소득층 가정들이 물밀듯 밀려오면서 5단지까지 확장되었습니다. 피누가이 마을 10만 명의 거주민들은 모두 똑같이 생긴 6평의 주거공간에서 아웅다웅 생활하고 있습니다.

우리는교회는 교회에 오지 못하는 교인들을 위해 찾아가서 함께 예배를 드리는, 건물이 중요하지 않은 교회입니다. 6년 동안 이곳저곳에서 예배를 세워갔습니다. 빈 공터, 골목길, 빈집 등 예배드릴 공간만 있다면 땡볕도, 폭우도 마다하지 않고 감사하며 예배를 드렸습니다. 그렇게 예배를 이어가다가 북삼가나안교회의 손길로 기도제목이었던 예배 공간이 마련되었습니다. 이제는 그곳에서 예배를 세워가고 있습니다.

어린 자녀들의 작은 변화의 원인이 궁금해진 어머니들이 자연스레 교회를 찾아왔습니다. 어머니들이 함께 모여 삶과 말씀을 나누고 상처와 아픔이 많은 서로가 서로에게 영향을 받으며 치유를 경험하고 있습니다. 그 모습을 볼 때마다 너무나 기쁘고 행복합니다. 하나님 아버지의 마음을 깨달아갑니다.

저에게는 성도 한 사람이 너무나 소중합니다. 나이는 중요하지 않습니다. 헌금을 하지 않아도 전혀 신경 쓰지 않습니다. 성도 한 사람의 존재가 저를 기쁘고 행복하게 만듭니다. 교회에 오는 발도, 찬양을 부르는 입술도, 말씀을 듣는 귀도, 헌금을 내는 손도, 웃음 짓는 얼굴도 모두 너무나 소중합니다.

하나님의 마음이 저의 마음과 같을까요? 존재만으로 하나님을 기쁘게 하는 사람, 행복하게 하는 사람, 그 한 사람이 바로 '당신'입니다. 당신은 하나님께 소중한 존재입니다.

주 너의 하나님이 너와 함께 계신다.
구원을 베푸실 전능하신 하나님이시다.
너를 보고서 기뻐하고 반기시고,
너를 사랑으로 새롭게 해주시고
너를 보고서 노래하며 기뻐하실 것이다.

스바냐 3:17

With God,
All Things are
Possible
9:26

피누가이 우리는교회 주일예배

하나님의 때

제가 오랜 운동선수 생활로 단련된 것이 있다면 현재 처해 있는 상황에 최선을 다하는 자세입니다. 훈련하다가 포기하거나 중단하고 싶을 때가 수도 없이 많았습니다. 그때마다 '조금 더'라는 생각으로 악착같이 견뎌왔습니다.

하나님을 처음 만나고 나서부터 저는 신앙생활에 최선을 다했습니다. 열정적으로 교회생활을 하다 보니 교회에서 젊은이교회 간사 사역을 맡겨주셨습니다. 젊은이교회 간사 사역을 감당하면서 조금씩 교회 사역을 알아가고 배울 수 있었습니다. 대학 시절 선교단체에서 훈련 받았던 경험이 있어서 교회에서도 캠퍼스 사역하듯이 최선을 다해 섬겼습니다.

그해 연말에 교회 수석 목사님께서 저를 부르셨습니다. 청소년교회 전도사 사역을 해보면 어떻겠냐는 콜링이었습니다. 그 부르심에 순종하는 마음으로 신학대학원에 입학했습니다.

신학대학원의 공부는 제가 생각했던 것보다 힘들었습니다. 공부가 어려웠다기보다 내면의 갈등이 파도처럼 요동쳤습니다. 신앙과 신학 중에 어디에 중심을 두어야 할지 알 수가 없었습니다. 결국 부끄럽게도 한 학기 공부를 끝으로 휴학을 했습니다.

선교지에서 만난 하나님, 그 깊은 하나님의 은혜가 제 삶에 필요했습니다. 아내와 몇 차례 깊은 대화를 한 끝에 필리핀에서 선교사의 삶을 살기로 결정했습니다. 하나님께서는 저희 가정을 1년이라는 시간 동안 준비시키셨고 그 시간이 지난 후에야 선교지에 올 수 있었습니다. 새로운 시작이 저희 가정에 펼쳐졌습니다.

처음 선교지에 왔을 때는 제가 할 수 있는 사역이 한정적일 거라고 생각했습니다. 신학을 한 학기밖에 공부하지 못한 평신도 선교사라는 자격지심 때문에 사역의 길을 한정 지었기 때문입니다. 그래서 목회 사역이 아닌 제가 할 수 있는 태권도, 청년 공동체, 유치원 사역에 매진했습니다.

그런데 매순간 따라오는 갈등과 고민, 영혼들에게 영적인 부분을 나누고 싶다는 마음이 들면서 목회 사역에 갈급함을 느꼈습니다. 하나님께서 맡겨주신 영혼들에게 복음을 전하고, 말씀을 나누며 하나님의 사람으로 세워가는 주님의 도구가 되고 싶었습니다. 이제는 누군가에게 이끌려 하는 공부가 아니라 저 스스로 공부할 결심을 하게 되었습니다.

하나님께서는 하나님의 때에 우리에게 순종하는 마음을 허락하십니다. 어쩌면 멀리 돌아가는 것처럼 보일지 모르지만 내 마음이 움직여 순종할 수 있는 그때가 가장 아름다운 때입니다. 하나님이 우리 마음을 소중히 여기시기 때문입니다.

어떤 길을 갈 때 마음이 편치 않다면 잠깐 돌아가는 것도 좋습니다. 하나님께서 언젠가는 우리에게 그 마음을 허락하십니다. 그때 다시 그 길을 가면 됩니다. 하나님의 때는 빠름도 늦음도 없으니까요.

하나님께서 나에게 용기를 북돋우어 주시며,
하나님께서 나의 길을 안전하게 지켜 주신다.

시편 18:32

다듬어져 가는 원석

10년이란 시간 동안 고민하며 꿈꾸던 사역을 하고 있습니다. 확신이 서지 않아 쉽사리 용기를 내지 못했던 사역입니다. 그 사역은 바로 예수님의 주사역으로 제자들과 함께 먹고 마셨던, 울고 웃었던 생활 공동체 사역입니다. 저희 가정은 예수님을 본받아 함께 사는 생활 공동체 사역을 결심했습니다. 지금은 이 사역이 얼마나 귀하고 소중한지 깨닫습니다.

생활 공동체 사역은 한국 청년들이 장기나 단기로 필리핀에 와서 훈련받는 사역입니다. 이 사역을 시작한 이래 많은 청년들이 이곳을 거쳐 갔습니다. 사실 쉽지 않았습니다. 순간순간 고비들이 있었습니다. 저와 청년의 관계, 청년과 청년의 관계, 청년과 하나님의 관계에서 문제가 생겼습니다. 함께 살아가며 서로를 알아가는 시간이 필요했습니다.

대부분의 사람들은 관계의 어려움을 겪습니다. 나와 잘 맞는 사람을 만나기란 기대만큼 쉽지 않습니다. 밥 한 끼 먹을 정도의 짧은 시간 동안만 좋은 사람이 있는 반면, 알면 알아갈수록 시간이 흐르면 흐를수록 더욱 좋아지는 사람도 있습니다. 사람은 겪어보아야만 알 수 있습니다.

우리는 성향, 기질, 자라온 환경, 성별까지도 너무 다릅니다. 서로 다른 우리가 함께 살다 보면 모난 면이 드러납니다. 때론 예민하고, 때론 날카롭습니다. 다듬어지지 않은 가시로 상처를 주고받습니다.

예수님도 서로 다른 제자 12명과 함께 생활하셨습니다. 모나고, 의심 많고, 열정만 앞서고, 배신하는 제자까지, 다양한 제자들과 삶을 나누셨습니다. 그런데 예수님은 어떻게 제자 한 사람, 한 사람을 품을 수 있었을까요?

저는 생활 공동체 사역을 감당하며 참으로 가치 있는 사역이라는 것을 깨달았습니다. 먼저 제자를 향한 예수님의 마음을 알게 되었고, 그 마음을 깨닫고 나서 보배와 진주 같은 원석인 청년들을 발견했습니다. 원석은 다듬어지기 전의 보석입니다. 삶을 나누는 청년들 모두 원석입니다. 값진 보배와 진주가 될 존재입니다. 하나님의 때에 세상을 환하게 빛낼 보배와 진주가 되길 꿈꿉니다. 보배롭고 존귀한 삶으로 세상을 변화시키는 보석이 되기를 꿈꿉니다.

하나님께서 보내주신 각기 다른 사람들과 오늘도 함께 먹고 마시고 울고 웃습니다. 함께 다듬어져 갑니다.

쇠붙이는 쇠붙이로 쳐야 날이 날카롭게 서듯이,
사람도 친구와 부대껴야 지혜가 예리해진다.

잠언 27:17

보고 듣고 느끼는 것

저희 가정이 필리핀에 정착한 지 얼마 되지 않아 도움 받을 사람이 아무도 없었을 때부터 지금까지 함께 생활하며 현지 문화와 생활에 큰 도움을 주신 귀한 현지인이 있습니다. 그분은 저희 청년훈련센터의 스태프인 체리메이입니다.

필리핀은 9월부터 크리스마스를 준비하기 시작해서 새해를 맞이하는 1월까지 축제를 즐깁니다. 필리핀 노동자들은 12월에 2달치의 급여를 받고 3주의 휴가를 보냅니다. 타지에서 생활하는 사람들은 이때 고향을 찾아 가족들과 함께 크리스마스와 새해를 보냅니다. 이방인인 한국 사람들에게는 따뜻한 크리스마스와 긴 축제 기간이 어색하지만 새롭기도 합니다.

크리스마스를 앞둔 11월, 체리메이는 아버지가 돌아가셨다는 소식을 접하고 부랴부랴 짐을 챙겨 고향으로 떠났습니다. 체리메이는 돈을 벌어서 자주 고향에 가겠다고 했던 약속을 15년이나 지키지 못했습니다. 출가 후 처음으로 찾아가는 고향, 그곳에서는 더 이상 살아 계신 아버지를 만날 수 없습니다.

체리메이의 고향은 마닐라 사람들과 문화도 언어도 다른 민다나오 섬에 위치한 작은 시골 마을입니다. 그 마을까지는 버스와 배, 그리고 다시 버스를 갈아타고 30시간이나 걸리는 기나긴 귀향길이었습니다.

2주가 지난 뒤 기다리던 체리메이가 돌아왔습니다. 아버지의 장례식은 슬펐지만 오랜만에 만난 가족들과 행복한 시간을 보냈다며 기뻐했습니다. 하지만 그 기쁨의 시간이 얼마 지나지 않아 그녀에게 다시 큰 어려움이 닥쳤습니다.

크리스마스 이틀 전에 체리메이의 7살 된 막내아들 조엠이 갑자기 아프기 시작한 것입니다. 체리메이와 남편은 병원비 걱정에 아픈 아이를 곧바로 병원에 데려가지 못하고 집에서 호전되기만을 기다렸습니다. 당연히 상태는 점점 심각해졌고 결국 아이를 병원에 데려가야 했습니다.

체리메이에게서 한 통의 전화를 받았습니다. 울먹이는 목소리로 제게 병원에 와 달라고 부탁했습니다. 저는 청년들을 데리고 조엠이 있는 병원으로 갔습니다. 병원에서 만난 아이의 모습은 상상할 수 없을 정도로 처참했습니다.

조엠은 스스로 호흡을 할 수 없었고 눈꺼풀을 깜박거릴 힘도 남아 있지 않았습니다. 이곳 병원에는 한국에서는 흔한 산소호흡기 하나가 없을 정도로 형편이 열악했습니다. 폐에 꽂혀 있는 산소 줄에 의지한 조엠은 누군가 곁에서 직접 손으로 산소 통을 눌러서 산소를 불어넣어 주어야만 겨우 숨을 쉴 수 있었습니다.

저희 센터 식구들이 눈물로 조엠을 위해 기도했지만 크리스마스를 하루 앞두고 아이는 결국 뇌수막염으로 세상을 떠났습니다.

뇌수막염은 한국에서는 쉽게 치료할 수 있는 병입니다. 하지만 이곳 필리핀에서는 병원시스템도 열악한데다 사람들이 생활고로 병원 가기를 미루다가 소중한 생명을 너무 쉽게 잃어버립니다. 아이를 잃은 부모를 지켜보는 저의 눈에서 눈물이 멈추지 않았습니다.

소중한 생명을 떠나보내야 했던 그날 일을 계기로 하나님께서는 저의 시선을 주변으로 돌려주셨습니다. 전에는 보이지도 들리지도 느끼지도 못했던 것들이 제 눈과 귀, 마음에 들어왔습니다. 그들의 사정을 눈여겨보고 귀기울여 듣고 그들을 위해 마음으로 기도하게 하셨습니다.

보고 듣고 느끼는 것, 이 모든 것이 하나님만 향하기를 원합니다. 보고 듣고 느끼는 것, 이 모든 것이 내 주변의 이웃에게 향하기를 원합니다. 아픔 많고 슬픔 많은 영혼들이 예수님의 십자가 사랑으로 회복되기를 간절히 소망합니다.

사람아, 내가 네게 보여 주는 모든 것을 네 눈으로 잘 보고,
네 귀로 잘 듣고, 네 마음에 새겨 두어라.
이것을 네게 보여 주려고, 너를 이 곳으로 데려 왔다.
네가 보는 모든 것을 이스라엘 족속에게 알려 주어라.

에스겔 40:4

진정 중요한 삶

이곳, 필리핀은 현재 코로나19로 석 달째 강제격리를 겪고 있습니다. 저희 선교훈련센터에는 격리 기간 2주 동안 인터넷이 들어오지 않았습니다. 저녁 시간 갑자기 인터넷이 먹통이 되어버렸는데 '곧 되겠지' 하고 대수롭지 않게 여기며 잠자리에 들었습니다.

하지만 그 다음날에도 인터넷이 되지 않았습니다. 현지 교인들의 도움을 받아 인터넷 회사에 연락을 취했습니다. 3일이면 된다는 답변을 받고 조금 불편해도 감수하자는 마음으로 3일을 더 참았습니다.

하지만 3일 후에도 인터넷은 되지 않았습니다. 온라인으로 영어 공부를 하고 있던 저희들은 삶의 큰 부분이 멈춰 버렸습니다. 하지만 생계를 위해 인터넷이 필요한 지체에게는 불편함으로 끝나는 일만은 아니었습니다. 다시 인터넷 회사에 연락을 취했지만 돌아온 답변은 만족스럽지 못했습니다. 인터넷이 복구되는 데는 3일에서 6일 정도가 더 소요된다고 했기 때문입니다.

3일에서 6일이라고 했다면 6일을 기다려야 한다는 뜻이라는 것을 필리핀에서 살아본 사람이라면 다 압니다. 그렇게 또

6일을 더 기다리면서 저는 거의 반포기 상태가 되었습니다.

인터넷이 정말 복구되기는 할지 의심까지 들었습니다. 그렇게 6일이 더 지난 아침, 잠에서 깨어나 보니 문자가 하나 와 있었습니다. 인터넷 회사에서 보낸 문자였습니다.

'인터넷이 정상 복구가 되었습니다. 오래 참고 기다려주서서 감사합니다.'

감사한 마음에 라우터를 켰습니다. 두근거리는 마음과 청년들에게 미안한 마음이 미묘하게 뒤섞였습니다. 그런데 이게 웬걸, 정상 복구되었다는 인터넷은 대체 어느 집을 말하는 것인지, 우리는 정말 실망했습니다. 아무 연락도 받지 못하고 우리는 다시 3일을 더 기다려야 했습니다.

저희 훈련센터에서는 훈련생들이 돌아가며 저녁 기도회를 인도합니다. 지난 화요일 제 차례가 되어 기도회를 인도했습니다. 기도회 전에 저는 기도회 때 함께 할 기도제목을 구했습니다. 그때 인터넷을 위해 기도해야겠다는 마음이 들었습니다.

대부분의 시간을 센터에서 보내는 저희들에게 인터넷 사용을

못 해서 생기는 불편함과 어려움은 이루 말할 수 없었습니다.

하나님께 물었습니다. "하나님, 인터넷이 되지 않으니 많이 불편합니다. 청년들에게도 참으로 미안합니다. 오늘밤 인터넷 복구를 위해 함께 기도할까요?"

그때 성령님께서 제 마음 가운데 말씀하셨습니다. '인터넷이 되고 되지 않고는 중요하지 않다. 중요한 것은 인터넷을 어떻게 사용하는가이다.'

되돌아보니 불필요한 인터넷 사용으로 시간을 낭비했고, 그릇되게 인터넷을 사용했던 저의 모습을 깨닫게 되었습니다.

그날 밤 저희들은 인터넷을 하나님 나라의 확장을 위해 사용할 수 있기를 마음 모아 기도했습니다. 다음날 아침, 인터넷이 복구되었습니다. 지난 2주간 기다림의 시간이 없었다면 깨달음도 없었을 것입니다.

하나님은 신실하십니다. 신실하신 하나님이 모든 상황을 주관하십니다. 어떤 상황 속에서도 성령님의 음성에 귀기울여 어떤 삶이 하나님이 원하시는 삶인지 분별하시기를 축복합니다.

하나님께서는 성령을 통하여
이런 일들을 우리에게 계시해 주셨습니다.
성령은 모든 것을 살피시니,
곧 하나님의 깊은 경륜까지도 살피십니다.

고린도전서 2:10

아브라함의 하나님, 이삭의 하나님, 야곱의 하나님

대학 시절, 저는 선교단체를 통해 예수님을 만났습니다. 그래서 그런지 저의 신앙 색깔은 선교단체의 색채가 강했고, 예수님을 위해서라면 무엇이든지 하겠다는 열정이 있었습니다.

뜨거웠던 저는 예수님을 위해 무언가 하고 싶었습니다. 그때 저는 가진 것도, 배운 것도 없어서 모든 것이 부족한 사람이었습니다. 하지만 한 가지는 드릴 수 있겠다 생각했습니다. 바로 젊음이었습니다.

그 후 인생의 황금기라는 20대, 인생의 십일조를 드리기로 결심했습니다. 결심이 서고 나니 지인을 통해 길이 열렸습니다. 1년간 뉴질랜드 마오리 원주민을 선교하는 사역이었습니다.

영어를 한 마디도 못했던 저는 '무식하면 용감하다'를 몸소 실천하며 뉴질랜드로 떠났습니다. 그 후 참 많은 고생을 했습니다. 몸으로 겪는 고통이 아니라 정신적인 고통에 시달리는 1년을 보냈습니다.

6개월쯤 되었을 때 저는 현실의 괴로움을 참지 못하고 어머니에게 하소연했습니다. 어머니는 제 애기를 끝까지 들어주셨습니다.

잘 지내는 줄로만 알았던 아들이 고통 속에 괴로워한다는 사실에 어머니는 밤을 지새며 마음 아파하시다가 결국 응급실에 실려 가셨습니다. 아버지로부터 어머니가 아프셨다는 사실을 뒤늦게 알게 된 저는 큰 충격에 빠졌습니다.

어머니는 항상 저를 우물가에 내놓은 아이와 같이 보십니다. 성인이 되었어도, 결혼을 해서 가장이 되었어도, 안전한 곳에 살고 있어도, 어머니에게 저는 언제나 우물가의 아이였습니다.

저 또한 부모님을 생각하면 마음이 저려옵니다. 낳아주시고 길러주시고 항상 가장 좋은 것을 허락해 주신 부모님의 은혜를 생각하면 감사한 마음 뒤에 죄송한 마음이 따라옵니다.

최근 저에게 걱정거리가 있었습니다. 부모님 걱정이었습니다. 이제 연세도 적지 않고 하는 일도 힘드실 텐데 내가 도울 수 있는 것이 없을까, 답답한 마음에 무기력함을 느끼던 그때 말씀이 기억났습니다.

'조상의 하나님 곧 아브라함의 하나님, 이삭의 하나님, 야곱의

하나님 여호와가 네게 나타난 줄을 믿게 하려 함이라 하시고'

하나님은 아브라함의 하나님이 되어 주십니다. 이삭의 하나님이 되어 주십니다. 또한 야곱의 하나님도 되어 주십니다.

하나님은 나의 하나님이 되어 주십니다. 여러분의 하나님이 되어 주십니다. 그리고 아버지, 어머니의 하나님도 되어 주십니다.

저를 통해 일하시고, 이끄셨던 그 신실하신 하나님께서 어머니의 하나님이 되어 주시고 아버지의 하나님이 되어 주신다 생각하니 걱정과 근심은 불필요한 것이 되었습니다.

하나님은 나의 하나님이 되어 주십니다. 하나님은 나의 자녀의 하나님이 되어 주십니다. 하나님은 나의 부모님의 하나님이 되어 주십니다. 각자에게 일하시는 신실하신 하나님을 신뢰하며 자유로움을 누리시기를 축복합니다.

주 너희 조상의 하나님, 곧 아브라함의 하나님, 이삭의 하나님,
야곱의 하나님이 너에게 나타난 것을 믿을 것이다.
출애굽기 4:5

바라스 열방선교교회 성도와 손자

상황의 주체자

저는 오래 고민하는 걸 힘들어합니다. 무엇을 결정해야 할 때면 그 즉시 답을 내려야 맘 편히 잠자리에 들 수 있는 즉흥적인 사람입니다. 그래서 때론 잘못된 결정을 하고 그 결정 때문에 작은 문제들이 생기곤 합니다.

아내는 저와 달리 참으로 신중한 편입니다. 어떤 결정을 할 때도 몇 날 며칠을 고민하고 생각한 끝에 결정을 내립니다. 그런 아내를 옆에서 지켜보는 저로서는 답답할 때가 있습니다. 하지만 아내가 내린 결정은 항상 저보다 리스크가 적습니다.

인터넷 쇼핑을 할 때도 서로 다른 성향이 확연히 드러납니다. 저는 뭘 사는 데 고민하는 시간을 아까워합니다. 차라리 그 시간을 다른 생산적인 일에 쓰는 것이 더 낫다고 생각합니다. 그래서 사람들이 가장 많이 구매한 물건을 사곤 합니다. 하지만 아내는 구매하기 전에 먼저 상품을 꼼꼼하게 따져봅니다. 상품의 품질과 가격을 보고, 상품 후기를 보기도 하고, 디자인과 활용도까지 꼼꼼하게 체크한 다음에야 가장 합리적인 선택을 합니다. 그렇게 산 물건은 항상 제가 산 물건들보다 오래도록 잘 씁니다. 이렇게나 다른 저희 부부가 한 가정을 이루고 함께 부대끼며 살아가는 것, 이것이 바로 하나님의 은혜입니다.

그런데 즉흥적인 성향을 가진 저에게도 몇 년씩이나 결정하지 못하고 묵혀둔 고민거리가 있었습니다. 신학대학원 복학 문제였습니다. 중간에 포기했던 신학 공부를 다시 하겠다는 결심이 서기까지 무척이나 힘들었습니다. 하지만 더 이상 물러설 수는 없었습니다. 결국 다시 공부하자는 결심이 섰지만 언제 해야 할지, 어디에서 공부해야 할지 막막했습니다.

여러 선택의 기로 앞에 혼란스러웠습니다. 당장 공부를 시작할 수 있는 필리핀의 신학교, 버젓한 간판이 될 만한 미국의 신학교, 모국어로 공부할 수 있는 한국의 신학교, 그리고 한동안 거주했던 뉴질랜드의 신학교까지…. 여러 선택지 가운데 하나만을 선택해야 하는 상황이 오히려 저에게는 더 어려웠습니다. 힘겹게 안정을 찾은 필리핀의 보금자리를 떠나기도 쉽지 않았습니다.

고민이 꼬리에 꼬리를 물고 걷잡을 수 없이 커져 갔습니다. 시간이 지나면 지날수록 방향도 제멋대로 흔들렸습니다. 장점과 단점을 따지다 보니 아무런 결정도 내릴 수 없었습니다. 회피하고픈 마음이 간절함과 절박함을 눌러 버렸습니다. 그렇게 또 몇 년의 시간이 흘러 아무 결정도 내리지 못한 채 마음 한편에 무거운 짐으로 남아 있었습니다.

때로는 하나님께서 우리들의 인생을 강하게 몰아가실 때가 있습니다. 제가 결정하지 못하고 서성일 때 하나님께서는 그 상황의 주체자가 되어 주셨습니다. 그리고 하나님의 계획으로 인도하셨습니다. 저는 그렇게 하나님께 이끌리어 감리교신학대학원에 복학하게 되었습니다.

상황을 돌아보니 위험을 감수하면서까지 즉흥적인 결정을 내릴 필요가 없었습니다. 신중하겠다고 꼼꼼히 따져보고 결정을 내릴 필요도 없었습니다. 하나님께 맡기면 하나님의 때에 자연스럽게 해결될 문제였습니다. 그런데도 저는 여태 그때를 기다리지 못하고 그 상황의 주체자가 되어 제가 생각하기에 가장 합리적인 선택을 하려고 애썼습니다. 그 때문에 저는 아무런 선택도 하지 못했던 것입니다.

혹시 선택의 갈림길에 서 계십니까? 무엇을 선택해야 할지 모르시겠습니까? 어떤 것이 가장 최선의 선택인지 헷갈리십니까? 기다리십시오. 참고 인내하십시오. 주권을 주님께 드리고 그분의 일하심을 기대하십시오. 분명 하나님께서 하나님의 때에 자연스럽게 일하실 것입니다. 놀라운 일을 행하실 것입니다.

네 갈 길을 주님께 맡기고, 주님만 의지하여라.
주님께서 이루어 주실 것이다.
너의 의를 빛과 같이, 너의 공의를
한낮의 햇살처럼 빛나게 하실 것이다.
잠잠히 주님을 바라고, 주님만을 애타게 찾아라.

시편 37:5, 6, 7

지나온 신앙의 여정을 생각해 봅니다.

수많은 고뇌와 내적 갈등, 초점 잃은 시간과 은혜의 순간,
변화무쌍한 마음, 불타오르는 열정, 냉랭해진 심령. 신앙의
길에서 무엇 하나 잃고 싶지 않습니다.

서툰 신앙인으로 당신의 마음을 헤아린다는 것은 언제나
힘이 듭니다. 하지만 함께 나눌 수 있기에, 함께 공감할 수
있기에 부끄럽지만 작은 용기를 내봅니다.

하나님의 선교에 작은 점이 될 수 있다면
그것으로 당신과 저는 완성된 것입니다.

위대한 하나님의 그림 속, 점 하나가 빠진다면 불완전한 것
입니다. 우리는 작은 점입니다. 하나님의 선교에 작은 점입
니다. 하지만 작다고 무시하면 안 됩니다. 무신경해도 안
됩니다. 하나님의 선교는 당신을 통해 이루어지기 때문입
니다. 당신의 자리에서 당신이 살아냄으로 하나님의 선교
는 완성되어 갑니다.

당신과 이 책이 맞닿을 때 작은 점 하나가 찍히기를 바라며.

하나님은 언제나 한 사람에게 초점을 맞춥니다.

한 사람이 순종하지 아니함으로 많은 사람이 죄인 된 것같이 한 사람이 순종하심으로 많은 사람이 의인이 되었습니다(로마서 5:19). 순종하신 한 사람, 그분의 계보를 이어가는 당신이 될 수 있다면, 이 책을 통해 당신이 그 한 사람이 될 수 있다면 참 좋겠습니다.

예수님의 손끝이 당신의 상처 난 그곳에 닿아 만져질 수 있다면, 치유될 수 있다면….

그것이 이 책이 있어야 할 단 하나의 이유입니다.

마음에 닿다

2020년 10월 25일 초판 1쇄 인쇄
2020년 10월 30일 초판 1쇄 발행

글·사진 오준섭

펴낸이 정영구
펴낸곳 누림과 이룸
주소 서울시 동작구 성대로 14길 49, 102호(상도동)
전화번호 02)811-0914
등록 제 25100-2017-000010 호

편집 김형준, 전정숙, 박영희
디자인 달오
인쇄 제작 글로리디 컨엔컴

정가 15,000원
ISBN 979-11-966136-5-5 03230

누림과 이룸

"그들을 향하사 숨을 내쉬며 이르시되 성령을 받으라"